黄金一代

70后世界足坛108将

李劲然 著

长江出版传媒 湖北科学技术出版社

图书在版编目（CIP）数据

黄金一代：70 后世界足坛 108 将 / 李劲然著．-- 武汉：湖北科学技术出版社，2020.7
ISBN 978-7-5706-0288-9

Ⅰ．①黄… Ⅱ．①李… Ⅲ．①足球运动 – 运动员 – 生平事迹 – 世界 Ⅳ．① K815.547

中国版本图书馆 CIP 数据核字 (2020) 第 129607 号

HUANGJIN YIDAI——70 HOU
SHIJIE ZUTAN 108 JIANG

图 / 李劲然　文 / 卢　劲

责任编辑：徐　竹　　整体设计：胡　博

出版发行：湖北科学技术出版社　　电　话：027-87679468
地　　址：武汉市雄楚大街 268 号　　邮　编：430070
（湖北出版文化城 B 座 13-14 层）
网　　址：http：//www.hbstp.com.cn

印　　刷：武汉市金港彩印有限公司　　邮　编：430023

787 × 1092　1/16　14.5 印张　240 千字
2020 年 8 月第 1 版　2020 年 8 月第 1 次印刷
定价：98.00 元

造像者

文 / 张斌

张斌，央视体育

李劲然又出书了，真是实力一派，摇动画笔，为人造像。2020年年初，劲然便在微信中给我展现了黄金一代108将的风采，邀我写序，再续前缘。眼见着我们与疫情缠斗已近半年，108将的风采就要下场印刷，球迷们盛夏中，伴着久违的赛事直播，以这本《黄金一代——70后世界足坛108将》珍藏自己与足球共度的岁月，当是极特殊的人生仪式感，让我们的记忆不至于都存活在各种屏幕中。

劲然平日里在朋友圈里父慈子孝，骄傲着儿子的创作天赋，我也时常可见他深夜成果，总之他未曾停下画笔，一如既往地精进着自己的画风，让我羡慕不已。以前我在心里会将劲然定义为美术编辑、漫画家，这一次面对这册《黄金一代——70后世界足坛108将》，我忽然觉得此前都低估了这位沉默的创作者，他无论如何都是一位难得的造像者啊。

以我浅见，造像者早前大多是指雕塑家吧，近代则让摄影家有了机会，将无形变有形，创造公众认知，功德无量。体育，从来都该是生活中的仪式感。奥林匹克赢家一定会被塑像以求永存，让世人瞻仰人体之完美，崇拜力量之刚猛。直至工业文明，体育场外则会竖立着创造辉煌史诗者的形象，唯有造像，方可久远。有此荣耀者，越来越少，人们找到了另外的造像之法，数字化的盛宴逐渐取代了有形的广场和孤独的雕塑。

影像，海量的影像，构成着我们的足球记忆，静静地存留在我们大脑记忆空间的深处，静待被唤醒，平日里无声无息，好似不复存在。疫情肆虐，赛事凋零，所有的体育频道或是平台一度都变成了纯粹的经典频道，欧冠决赛延期至初秋，那就在本来的决赛时节里，让近10年的决赛经典一一在眼前重现，非高清时代的画面甚至已经有些斑驳，像是正在变老的名画。但就是这样的比赛，仿佛唤醒了我们多年前的某个夜晚凌晨的生命瞬间，好似当年的气息都会在鼻腔内盘旋。总之，记忆格外玄妙。

这一次，劲然为70后一代巨星造像，一幅幅灵动的画面串联起了记忆的碎片，前世今生一一扑面而来。我生在60年代最后一年，与70年代初生人大体算是一代，与其中最年长者一样，都在半百之年，有着独特的亲近感。恰是在70年代末，中国人开始从电视直播中将《参考消息》中豆腐块足球报道转换成了宏大真实的足球世界。1978年阿根廷世界杯，肯佩斯飘逸的长发，是那场决赛的记忆核心。那时没有人会注意留着大鬓角的阿里汉，更是无缘看到他那一记惊天远射，更无从知晓此君二十几年后居然会执掌我们的国家队。1981年丰田杯赛，弗拉门戈与红军决战，白色的贝利如日中天，球技如入画境，转年带我们一头扎进西班牙世界杯赛，经典足球的盛世。如今，再见这些五零后大神，各个都是七旬老人了，已无雄心帮着一道去征服衰老。但他们都是我们对于足球认知路上的灯塔，我们心中皆有各自的造像。

70后一代起势90年代，余威延至新世纪，其中已有帅位之尊者，最近10年则是统霸江湖的一辈，不惑之年则已成大业。劲然，为造像者，自然极善于捕捉人之特征，渲染之下，会让我们的记忆瞬间也灵动起来。日后握住这本造像册，定会有岁月在手，激情存心之感。

不用我讲，劲然还会继续画下去，岁月绵长，无论是策马驰进历史深处，还是立马当下，有太多形象值得他去塑造，80后、90后之专册也该在弦上了吧。我们敬候，造像者请加油！

为什么要怀念70一代？

文 / 卢劲

卢劲，70后
前《足球周刊》《体育画报》主编

足球的70一代，即是1970年到1979年这10年出生的职业球员，本书优选这期间的108位世界级明星，以馈读者。以职业球员20岁发端，30岁渐退为一个大线索，70一代球星的活跃期大致是1990年到2010年这20年。

这是怎样的一个20年呢？我们从时代、球星群、教练这三个角度，来诠释70一代为何值得我们造像立传以示纪念。

一、时代

从1990-2010年的20年，足球在中国是怎样一种传播和发展？

1990年，中国第一次直播了意大利世界杯的所有比赛。在文体娱乐并不发达的当时，世界杯不仅是街头巷尾全民娱乐的盛宴，更是对民众最好的足球启蒙。因世界杯而成为足球迷。随后20年，是中国足球迷高速增加的时代，也是中国职业足球发展的快速期，足球由个体走向大众。1994年中国职业足球启动，几乎同时，德甲、意甲每周的直播也出现在中国的电视屏幕。由国内到国际，由国际到国内，相互反哺，108位球星以人物为单元记录了足球在中国大启蒙、大发展的时代。

而这个时候的NBA虽然有乔丹和公牛，但总体上在中国还处于待垦期，迟至

2002年姚明加盟火箭，中国篮球才开始加速。而此时的中国足球，已经首度打入世界杯决赛圈。同时间，互联网也在开始助推足球运动的普及，各种互动极强的 BBS 论坛、评论区到今天各种手机 APP，70一代的球星占尽了前10年传统媒体、后10年新媒体的天时。

此20年是中国足球发展的加速期，108位70一代明星是助燃剂。感谢这个加速期的大时代，让我们熟悉并喜爱上这优选的108人。

二、球星

这20年的球星图景是什么样?

是没有绝对中心的“满天星斗”的时代。以70后的罗纳尔多开始，齐达内，里瓦尔多，菲戈，欧文，内德维德，舍甫琴科到卡纳瓦罗，10年有8人荣获金球奖，众星璀璨，蔚然大观。

更重要的是，这20年中，南美足球保持着风格上的独立性。阿根廷的 Milonga 足球，巴西的 Ginga 足球，还能不断产出那种非欧洲青训，源出街头足球、五人制足球的另类天才。比如德尼尔森的盘带，这是巴西足球从加林查开始的一种炫技，再比如2000年后阿根廷层出不穷的前腰如里克尔梅、贝隆、奥特加、艾马尔、达历桑德罗、加拉多等，这是阿根廷土生土长的克里奥尔人足球方式。欧洲人说他们是凭本能踢球，不如说是足球文化使然。满天星斗背后，是足球存在的多样性。

在这20年的末期，准确说是从2008年开始到2017年的10年，梅老板和罗总裁各自垄断了5届金球奖。此时的足球生态发生了变化。他们当然刷出了令人咋舌的数据，也配得上世界最佳球员的奖杯，但大树底下无长草，梅罗时代的垄断，至少在审美上带来了疲劳。2018年的莫德里奇和2019年被力推未遂的范戴克，总有拔苗助长之嫌。而梅罗对最高荣耀的垄断，也削弱了其他球星的公共影响力，斯内德、伊涅斯塔、哈维等本可以获得更大的影响空间。

多样性在变得稀薄，甚至在某些重要位置上，出现了全球性的断档。比如中锋中卫。在本书中你可以找到众多的优质中锋，比如巅峰的荷兰有四大中锋候选，可今天的荷兰队呢？ 33岁的巴贝尔还在打天下。巴萨皇马这样的超级球队的中锋，已经接近有效使用截止期，不换，是因为没有更好的人选。有人指出全球中锋的断档和街头足球的衰败有关，而德尼尔森、阿根廷前腰这些更别具的风格，现在更濒临绝迹。

重温70一代球星的满天星斗和多样性存在，无疑能帮助我们厘清今日足球的一些怪相。

三、教练

70一代球星，正在教练席上成为今日足球发展的重要推手。

瓜迪奥拉、西蒙尼、齐达内、波切蒂诺等就是其中的典型代表。2008年是一个分水岭，传控足球在巴萨和西班牙队获得空前成功，瓜迪奥拉是始作俑者。传控足球的高热至今未褪，波切蒂诺和西蒙尼又掀起了更强调纵深打击的压迫足球。齐达内兼顾两者，在稳守之后追求快速进攻，在欧冠赛场夺得史无前例的三连冠。

过去10年堪称足球战术巨变的10年，这些70一代的球星们在各自不同的角度，塑造新的足球理念，也在探索足球战术前所未有的新的可能性，甚至在兴起一种新的革命。守门员要能传球当最后一名后卫用，中后卫要有出球能力，边后卫不下底要能踢后腰，边锋不再是助攻僚机，进球可以达到20+，六边形中场大受欢迎……曾几何时，你会想到足球场的每一个位置都在发生新的定义？

面对这前所未见的大变化，我们感叹，从球场到教练席，从球衫到西装，他们只是换了马甲，其实从未离开。而后继的70一代如索尔斯克亚、兰帕德、科库等亦是源源不断赶来。当然其中跌倒者不是少数，可他们何曾害怕过跌倒。

以上三点，是我们这本画册立意与呈现的初衷。

目录 CONTENTS

对他的印象很模糊，就感觉他
能混进国家队就很不容易了。

PERUZZI

佩鲁济

001

英国王储，罗马队副和布冯替补并称世界足坛的三大“苦主”。都是人物，但都苦得出不了头。

王储是查尔斯，队副是德罗西，布冯的替补，首推佩鲁济。

他身高只有1.81m，在如今决然成不了门将。他是球门前的球形闪电，令人惊叹胖子也有动如脱兔的春天。他本可以此谋生，安享岁月静好。可从布冯开始，意大利人盛产的门将在国家队严重积压。佩鲁济是幸运儿，他总能一人之下，万人之上。至少他还有11次顶替布冯出场的记录。

世间没这么多瑜亮情结，二号也是一门荣耀。在布冯的后背上，他躺赢了2006年世界杯。

这是一种补偿。

国籍	生日	身高	位置	足球生涯
意大利	1970-2-16	181cm	门将	罗马、维罗纳、尤文图斯、国际米兰、拉齐奥

他当教练比当球员出名。

SIMEONE 002

西蒙尼

叫迭戈的阿根廷足球运动员，都离不开“狡诈”两字的评语，此迭戈，就大赚了贝克汉姆一张红牌。铁血、硬朗、不知疲倦，他是前梅西时代阿根廷的角斗士。

27岁时，西蒙尼就幻想自己能成为一名教练。每次回到家中，他脱掉球衣换上西装，再拿上一个文件夹，假装自己在开一个战术会议，最后被自己画的草稿纸包围。如今，他成了马德里竞技的教父，黑衣、黑衫、黑领带、黑皮鞋。时尚却半点不优雅。

马德里竞技就是11只鏖斗犬，他们都叫西蒙尼。他让马竞的比赛充满强度，就像他自己踢球时的强度。在传控足球大行其道之时，铁血硬朗极富掌控力的西蒙尼剑走偏锋，用压迫和快速反击撑出另外一片天空。

一个人的一支球队，西蒙尼制造。

国籍	生日	身高	位置	足球生涯
阿根廷	1970-4-28	180cm	中场	萨斯菲尔德、比萨、塞维利亚、马德里竞技 国际米兰、拉齐奥、阿根廷竞技

总记得他带着一个面具在
场上怒吼。
2017.1.14

ENRIQUE

恩里克

003

初出茅庐，被塔索蒂一肘击断了鼻梁，血流如注。

他是多面手，踢过除守门员之外的所有位置。从皇马到巴萨，他遇到了贵人瓜迪奥拉。瓜迪奥拉像是放风筝的人，恩里克就是那只无处不在的风筝。巴萨以他们为核心，队长的袖标是他们俩的第一次交接，退役之后，巴萨 B 队的主教练是他们俩的第二次交接。

恩里克接手巴萨，他的理念是：传控不等于 Tiki-Tata，不为传球而传球。他是幸运的，这年夏天，他们迎来了苏亚雷斯和内马尔，有了 MSN。这是一个全季能打入122球的超级组合。没有哈维的大脑，巴萨直接把球打到前场，剩下的，就是他们三人的表演时间。从哈维 - 伊涅斯塔 - 梅西进化到 MSN，是恩里克的创新，是对传控打法的变化与丰富。瓜迪奥拉在拜仁与曼城，也欣然采纳了恩里克的这种探索。当他们率队在欧冠中相遇后，瓜迪奥拉感叹巴萨是其平生最强大的对手。

这是对后继者恩里克的嘉许。

国籍	生日	身高	位置	足球生涯
西班牙	1970-5-8	180cm	中场	希洪竞技、皇家马德里、巴塞罗那

一直都分辨不出来
他们兄弟俩。
2016.11.8.

FRANK DE BOER 004

弗兰克·德波尔

深陷眼窝的双目，有慑人的战意。只是人们无法用眼神来区分，孪生兄弟谁是谁。

直到，2000年欧洲杯对意大利的经典半决赛，射丢了两个点球，两个——人们认清了衰人叫弗兰克。

弗兰克少年得志，1990年世界杯他就与三剑客同场竞技，在2000年的欧洲杯上，他成为第一个为国效力超过100场的荷兰球员。在巴萨，他的全能性足够覆盖中后场的任何位置。但退役之后，厄运并没结束……执教国际米兰85天堪称灾难，执教水晶宫60天被解雇。如今，日渐苍老的面容中，只有眼神依旧咄咄逼人。好球员不能成为好教练的谶语，似乎应验在他身上。

国籍	生日	身高	位置	足球生涯
荷兰	1970-5-15	180cm	后卫	阿贾克斯、巴塞罗那、加拉塔萨雷、流浪者、拉扬、沙马尔

他一个人就可以承包整
条边路，能攻善守。
2016.3.3.

CAFU 005

卡福

2002年6月30日，横滨国际综合竞技场。

队长卡福，孤独披上巴西国旗，孤独站在黝黑的夜里，孤独举起大力神杯。他的麾下，是欢呼，是哭泣，是狂欢，是落寞……

连续3次参加世界杯决赛，两次举杯，他是唯一一人。所以，这一刻，他享受着，独一份的荣耀，也是独一份的骄傲。巴西巨星常见，但队长不常见。巨星是桑巴的舞动，队长是桑巴的音乐。没有音乐的舞动形如枯槁。

从阿尔贝托到卡福，是巴西足球成功的另一条暗线。今日巴西，内马尔不堪重负请辞队长，蒂亚戈·席尔瓦没有队长必需的粗壮神经，蒂特需要培养卡塞米罗来担当队长，轮流出勤戴上队长袖标，是巴西足球的癣疥之疾。

这是我们怀念卡福的理由。

国籍	生日	身高	位置	足球生涯
巴西	1970-6-7	176cm	后卫	圣保罗、萨拉戈萨、尤文图德、帕尔梅拉斯、罗马 、AC 米兰

他最喜欢进球后边招手边跑，还不让队友追上。

2015.9.30

SHEARER

希勒

006

进球，进球，高产的进球，是希勒甫一亮相的高光符号。但膝盖的伤病，在1997年如一道分水岭，把他劈为两半。之后的希勒与布莱克本时的巅峰渐行渐远，3年后又是一次膝盖手术，铁打的英雄也难敌病来磨。如今看着他坐在 BBC 的足球转播间，发际线消失，光头烁亮。却难忘记，他就是一个标尺。

以他为准，可量度英格兰前锋可达的上限。向前，可及莱因克尔；向后，可及哈里·凯恩。他留下的数字：迄今未被后辈超越。他留下的画面：招牌式头球，招牌式单臂直举庆祝，质朴得像一道英格兰少见的阳光充裕的风景。

国籍	生日	身高	位置	足球生涯
英国	1970-8-13	183cm	前锋	南安普敦、布莱克本、纽卡斯尔

最羡慕他那一头飘逸的长发。

2017.6.8

PAULO SOUSA 007

保罗·索萨

那时候，弯曲飘逸的长发是后腰的标配，如雷东多、阿尔贝蒂尼、索萨。那时候，发动机都后置，禁区到禁区的奔跑还不流行。

索萨是幸运儿，幸运于那个年代，那个时候，都还慢。慢到可以思考，慢到可以从容不迫。慢是一种节奏，是一种理解，是一种主张。慢是一种态度。但慢节奏，不能豁免索萨被对手快速伐倒。

2002年年仅31岁的索萨就因伤退役，令人唏嘘。相比同龄人，他执教的生涯起步很早，到今天已有8支职业俱乐部的执教履历。与同时期的组织中场瓜迪奥拉、齐达内相比，他还在路上蹒跚前行。

国籍	生日	身高	位置	生涯
葡萄牙	1970-8-30	177cm	中场	本菲卡、里斯本竞技、尤文图斯、多特蒙德、国际米兰、帕尔马、帕纳辛奈科斯、西班牙人

他的球风不像德国
人，但性格比德国人
还要德国人。

SCHOLL 008

绍尔

不管从任何角度说，他都不是一个德国人。

他轻敏，不像身边那么多的汉斯，气喘吁吁，体壮如牛。利特巴尔斯基、京多安……他飘逸，脚法细腻，任意球是拿手好戏。

德国足球兼容土耳其的调性，从绍尔开始，蔚然大观。在慕尼黑，他穿了15个赛季的“7”号球衣，有一半的年份，他都能捧起德甲的沙拉盘。2007年夏天，拜仁请来巴萨作陪，为绍尔告别。下半场，场外举起了“7”号换“7”号的显示牌。这是拜仁向绍尔最后的致敬：新7号里贝里，接过队长老7号的衣钵。

7号，成为慕尼黑新的传奇。

国籍	生日	身高	位置	生涯
德国	1970-10-16	177cm	中场	卡尔斯鲁厄、拜仁慕尼黑

他就是一坛好酒，越老越香。

VAN DER SAR 009

范德萨

弗格森治下的曼联，他是最冷的人，冷静得像只猫。他的身前有时值欧洲最强的防线，他们摄取了红魔的热血而偾张，荷兰人，隐藏在血红之下，宛如冷猫。

他巡视的范围只在禁区，这是他的地盘，是他收缴对手最后企图的无人区。曼联总有伟大的门将，范德萨之前有舒梅切尔。与丹麦人相比，范德萨更有今天现代门将必需的技能，比如超远的手抛球发动进攻，或者用更娴熟的脚下球成为进攻组织的第一发起者。诺伊尔曾说，范德萨是最早具有现代性的门将，他重新定义了门将位置的要求。

国籍	生日	身高	位置	足球生涯
荷兰	1970-10-29	197cm	门将	阿贾克斯、尤文图斯、富勒姆、曼联

PSV
PHILIPS
他给我印象就是两个关键词：全才，远射。
2017.10.30

COCU 010

科库

在梅西出现之前，他是巴萨出场最多的外国人。

他在巴萨的6个赛季中，几乎保证了全勤出赛。荷兰人在巴萨是外籍吗?他是荷兰人中的荷兰人。克鲁伊夫是点亮巴萨的燃灯人，科库，全身都在发光，在诺坎普的每一寸绿地上燃烧。他是巴萨的8号。也是最早演绎六边形中场的先驱。全能源出其对足球的通透领悟。尽管他有时实在太像憨豆先生。憨豆先生可是牛津大学的高才生，踢而优则教的科库，在埃因霍温执教4年，三夺荷甲冠军。这让他有了晋升欧洲一流名帅的台阶。2019年他在德比郡接过了兰帕德的帅印，科库正在上升期。

国籍	生日	身高	位置	足球生涯
荷兰	1970-10-29	182cm	中场	阿尔克马尔、阿纳姆、埃因霍温、巴塞罗那、阿联酋贾兹拉

极少有人在球员和教练这两方
面都能做到优异，他就是。

GUARDIOLA 011

瓜迪奥拉

克鲁伊夫的真传弟子，重新定义了“4”号位置的诺坎普国王。但这些却只是一个简单的开始。尽管他在场上时就开始纠正队友的跑位。

2008年，他成了巴萨的主教练，随后10年，他改变了足球世界。他开创了传控足球和高位防守？他激发了梅西所有的足球天赋？所有的定义都令人不禁发笑，他是一个引领者，他的引领让足球在未知的可能性中，

完成了迭代的进化。让1至11每一个位置都发生了颠覆性的再定义。对手的球员下场他也会忍不住上前指导，本方的球员下场他也会继续抓住喋喋不休。他正在统治着这个有些暗淡的足球世界，每个新晋教练都以他的门徒为荣。

掀开梅西 -C 罗美丽的华袍，他才是那个 ONE。

国籍	生日	身高	位置	足球生涯
西班牙	1971-1-18	180cm	中场	巴塞罗那、布雷西亚、罗马、多哈国民、多拉多斯

读到他我想到的就是快。

LITMANEN 012

利特马宁

在芬兰，100个史上最伟大的人物，就有他的座次。

在冰雪万湖之地，他脚下套上冰刀，冲进了绿茵之地。对手退避三舍。唯恐被寒刃割伤。绝非臆想：16岁之前，他一直打着冰球、踢着足球。是阿贾克斯用荷兰足球的理念锻造了这把冰刀。

1995年他以主力身份与球队夺得欧冠，范加尔是他的伯乐。1999年，他追随教父范加尔来到巴萨，穿上10号，把11号留给里瓦尔多。他在阿贾克斯和巴萨的成功，真真启蒙带动了一代芬兰人后续而上：海皮亚、科尔卡、福塞尔……

芬兰新谚语是：利特马宁是上帝，海皮亚是耶稣。

国籍	生日	身高	位置	足球生涯
芬兰	1971-2-20	182cm	中场	雷帕斯、赫尔辛基、迈帕、利物浦、阿贾克斯、巴塞罗那、拉赫蒂、罗斯托克、马尔默、富勒姆

或许当他戒掉红牌的时候，进球的灵感也会消失吧？

EDMUND 013

埃德蒙多

足球草原上的野兽，从未被驯化。

与其说天赋逼人，却更像一只奔跑的火药桶，每一张红牌，就是一次爆炸。他的足球就是丛林法则，只有以命搏球，不是我吃掉你，就是你把我干掉。他在欧洲仅仅停留了两年，他成堆的故事全部在巴西发生。

1997年，他26场打进29粒入球，其中最快进球是开场27秒。

也在同一年，他的红牌记录是7张，甚至因太过出格被开除出国家队。我们用规则把他驱除出场，他说不要用文明来说服我。就像里约基督山的阴面，无远弗届的Rocinha贫民窟，涌出一个个埃德蒙多。

没有埃德蒙多，就不是完整的上帝之城。

国籍	生日	身高	位置	足球生涯
巴西	1971-4-2	177cm	前锋	达伽马、帕尔梅拉斯、弗拉门戈、佛罗伦萨、桑托斯、那不勒斯、克鲁塞罗、东京绿茵、浦和红宝石、弗鲁米嫩塞、诺瓦伊瓜苏、费古埃伦斯

一直不明白为何他在俱乐部和在国家队的表现区别这么大？

BARTHEZ 014

巴特斯

1998年法兰西之夜，布兰科亲吻巴特斯的光头，成为法国首度夺冠的加冕礼。神圣光头，成为法国的圣物。

在曼联，他令人惊叹，也令人崩溃。他像是提早15年来到足球世界的穿越者，那时的门将都像熊猫一样待在门线保护区里，他喜欢冲出禁区，用脚戏耍对手。直到——亨利过掉他打了一个空门。但他坚持认为自己属于球场，经常声称自己的外场能力比守门能力更出色。甚至还曾在曼联的一场友谊赛中客串其他位置。扑点球更是这名非正统守门员表演的舞台，他扑救依赖于直觉，甚至故意选择单手扑救以羞辱对手。

他的头脑太容易发热，肾上腺素太过发达，以致依着门柱小便。不羁的放肆是我们对他的追忆。

国籍	生日	身高	位置	足球生涯
法国	1971-6-28	183cm	门将	图卢兹、马赛、摩纳哥、曼联、南特

弗格森是场下的教练，他是场上的教练。

ROY KEANE 015

罗伊·基恩

如果真有球霸，他一定姓基恩。

一个从小立志要成为拳击手的爱尔兰人，后来果然打遍了全英格兰无敌手。22个荷尔蒙沸腾的人在死命奔跑时，大哥的荷尔蒙就是：有事冲我来！他甚至从不掩饰自己的恶意。走下赛场，穿过球员通道，弗格森的更衣室也要换成“基恩”的铭牌。不服者照样怼：奎罗斯、舒梅切尔……包括弗格森先生也没幸免。甚至，14年后，他仍然不会原谅弗格森。

“我才不管那是弗格森还是教皇，你得捍卫你自己。”

“人们都在谈论弗格森的驭人之道，别被那骗了。”

“人们说弗格森总是做对曼联有利的事，我觉得他不是。”

“他只是在做对自己有利的事。”

真球霸，经得起时间的考验。

国籍	生日	身高	位置	足球生涯
爱尔兰	1971-8-10	178cm	中场	科布漫步者、诺丁汉森林、曼联、凯尔特人

当时足坛最优雅最
低调的中场。

ALBERTINI 016

阿尔贝蒂尼

又一个伟大的“4”号，属于AC 米兰。“节拍器”名词第一次从音乐代入到足球时，他是对号入座之人。节拍是一种隐性的力量，这种力量是操控球队的巫术。他是巫师中的文雅者，无须暴力，无须激情，就能提升球队的战力上限。

漂亮的“落叶球”是巫师的另一种归属，不仅仅球如落叶，人亦如绿叶。他不是主角，他喜欢配角，他是超级绿叶，他的长传球更多是帮助球队转移进攻方向，而不是撕开对手防线的利刃。他是队副，不是队长。

当皮尔洛到来时，球队已经没有了他的位置，他远走马德里。这种黯然而去的告别，符合他的气质。

国籍	生日	身高	位置	足球生涯
意大利	1971-8-23	180cm	中场	AC 米兰、帕多瓦、马德里竞技、拉齐奥、亚特兰大 、巴塞罗那

前锋是"杀手"，他是"前锋杀手"。

MONTERO 017

蒙特罗

红牌，是足球的杀器，乌拉圭人最喜欢染红。

蒙特罗是乌拉圭人，他的父亲就在1974年世界杯的乌拉圭队中。他在意甲10年创下的16张红牌纪录，无人能及。在标准答案中，红牌是一种羞耻的警告与驱除。在他的世界里，红牌是血液，是猎杀，是最后一口致命的撕咬。在中国古代，孝亲是一种传统。在乌拉圭，红牌是什么？被他干掉的，自然都是前锋。他非常习惯用双脚飞铲对手。背身铲球，肘击对手，甚至直接给对手一拳。尤文图斯10年的成就，自然是建立在这样的黑暗艺术之上。

21张红牌，是他职业生涯的血色纪录。

国籍	生日	身高	位置	足球生涯
乌拉圭	1971-9-3	181cm	后卫	佩纳罗尔、亚特兰大、尤文图斯、圣洛伦索

他个子不高，头球为何
那么厉害？

LARSSON 018

拉尔森

初出道，一头小辫。混杂着佛得角黑人的血统，在极寒之地赫尔辛堡，21岁时还是一位蔬菜搬运工。1999年被铲断的小腿挂在担架上晃晃悠悠，全世界都不忍蒙上了眼睛。当他再次回来时，辫子不见了，在巴萨的每一个清晨，罗纳尔迪尼奥都要对他说——偶像，偶像！他是当时欧洲最佳的中锋吗？弗格森在曼联焦头烂额时，给他发了一封短信——亨里克，愿意来曼联吗？

他来到曼联时已经35岁，弗格森向瑞典赫尔辛堡租借他10个星期。10个星期他打入了3球，他愿意在每个球门前吐出自己的舌头——那是庆祝自己的进球。弗格森在自传中说：我们得到了一名真正的贵族，至少拥有了他两个月。他在曼联的最后一场比赛，回撤打中场，跑得精疲力竭。当他回到更衣室，全体球员和教练员起立为他鼓掌。有时候你征服一支球队，赢得尊重只需要两个月。

国籍	生日	身高	位置	足球生涯
瑞典	1971-9-20	175cm	前锋	侯嘉堡格、赫尔辛堡、费耶诺德、凯尔特人、巴塞罗那、曼联

不知道是他成就了约克，还是约克成就了他，或许……

ANDY COLE 019

安迪 · 科尔

霍德尔说他是被低估的全能前锋，是一名可以引导球队，将全队衔接起来，还能穿插跑位的全面型前锋。

这在当时是稀罕事。但弗格森意识到了：比起只有一技之长的球员，球队更能从全面的球员处受益。如今这种全能而不懈奔跑的球员已成为豪门的标配，在当年，是科尔最先完成了这种转型。但这样全能又屡屡让他成为配角：在国家队中，总有一连串的名字排在他前面，

希勒、欧文、福勒、费迪南德以及伊恩 · 赖特。甚至后辈赫斯基也能取代他的位置。他在自创的一首说唱中抱怨：如果加里 · 内维尔能代表英格兰参加比赛，我也能。科尔效力红魔期间，帮助球队五夺英超冠军。

进球数虽然不能与纽卡斯尔时期相比，但他精准地证实了霍德尔的眼光。

国籍	生日	身高	位置	足球生涯
英国	1971-10-15	180cm	前锋	阿森纳、富勒姆、布里斯托尔城、纽卡斯尔、曼联、布莱克本、曼城、朴茨茅斯、伯明翰、桑德兰、伯恩利、诺丁汉森林

被女人废掉了的
前锋。
MANCHESTER UNITED

YORKE 020

约克

人们从来不会单独谈论他。没错，黑风双煞这个恶俗的头衔，把他和另一个黑煞科尔捆绑在一起。特立尼达和多巴哥，天知道在地图的哪个角落，约克，黑风双煞的另一个煞，他来自这个天涯。在黑风凛冽的曼联三连冠中，约克左拥右抱，我们只能舔着《太阳报》垂涎的“三版女郎”，不是一个，而是一双。弗格森说——你让这两个大胸娘们 PK 决斗吧！腿脚越来越软，约克发现自己只能坐在替补席。弗格森半价把他甩卖，黑煞终以香艳方式退场。

他与科尔不同，他更以天赋和直觉踢球，其兴起与衰败都忽然。在曼联，体系永远强过个体，当他不够自律与自信时，就是职业断崖的开始。

国籍	生日	身高	位置	足球生涯
特立尼达和多巴哥	1971-11-3	175cm	前锋	阿斯顿维拉、曼联、布莱克本、伯明翰、悉尼、桑德兰

2000 年欧洲杯意大利对
荷兰那场球我才认识他。

TOLDO 021

托尔多

2000年夏天，托尔多被封“圣托尔多”。在阿姆斯特丹与荷兰人的欧洲杯半决赛上，与托尔多一起守门的，不是那条钢铁的链式后防，而是门柱精灵。他们一起挡出了荷兰人5个点球。托尔多3个，精灵2个。荷兰人这场比赛做足了比赛中的一切，唯独忘记了该如何破那该死的门。“圣托尔多”，是那一夜真正的门神。随后在国际米兰的四个赛季，他是球队绝对主力，却无法染指联赛冠军。在国家队，他沦为布冯替补，不得不宣布退出。2005年，新门将塞萨尔的到来，让他变成了二号。在二号位置的5个赛季，鬼使神差，他成为国际米兰五连冠的成员，也许是最轻松的一位，每个赛季上场不超过10场。近40岁他宣布告别时，已是两鬓斑白。

岁月有痕，人们不会忘记那个阿姆斯特丹夜晚的托神。

国籍	生日	身高	位置	足球生涯
意大利	1971-12-2	196cm	门将	AC 米兰、维罗纳、特伦托、拉文纳、佛罗伦萨、国际米兰

他是完美的防守艺术
大师。

THURAM 022

图拉姆

他是一个复仇者。1998年法兰西之夏的半决赛，开始他只是一个普通的边后卫。风头正劲的小提琴手苏克，在他身边旁若无人进球领先。1分钟后，他像一个前锋扳平比分。13分钟后，他再次成为一个前锋，反超了比分。从地狱到天堂，他的复仇只花了13分钟。这是可以写入足球史的励志故事——复仇之后他滑跪在草地，用手抿住嘴，像一尊半身的希腊雕塑，等待亨利、德尚前来脱帽致敬。这是他的高光时刻，除此之外，他内敛得令人吃惊。

在尤文图斯或是巴萨，当队友进球之后，他从不跑到前场去参加庆贺。他解释必须有人留在场上，以预防对手开球的偷袭。

图拉姆，根本上是一个罕见的优雅绅士。

国籍	生日	身高	位置	足球生涯
法国	1972-1-1	185cm	后卫	摩纳哥、帕尔马、尤文图斯、巴塞罗那

25岁的他离开拜仁就
开始走下坡路了。

ZIEGE 023

齐格

腿部血压过高造成淤积，会导致肌肉无法运动，之后高压会影响整个身体的血液系统，导致心脏衰竭。这不是医学教科书的一章，这是齐格的命。

当医生取出淤积的大面积血块后，他胆战心惊。命运无常，我们见识过太多有关足球人的病名：比目鱼肌伤、半月板伤、跖骨骨折、跟腱断裂……齐格的病，罕见到没有名字。他还是站了起来，哪怕还有第二、第三次手术。他还是走回了球场，这时手术后的三块肌肉正在变得僵硬。最终，他被无名之病彻底击倒退役。

身体是渡河的皮囊，灵魂是对岸的菩提，与皮囊的共处共舞，是每一个人的修行。

国籍	生日	身高	位置	足球生涯
德国	1972-2-1	186cm	后卫	拜仁慕尼黑、AC 米兰、米德尔斯堡、利物浦、托特纳姆、门兴格拉德巴赫那

还是最喜欢在利物浦
踢球的他。

MCMANAMAN 024

麦克马纳曼

1996足总杯决赛，麦克马纳曼与雷德克纳普、大卫·詹姆斯、科利莫尔、福勒等队友，以一身奶白色的阿玛尼礼服出场。这种浮夸的“辣哥”做派激怒了对手曼联。弗格森说：这都什么玩意儿？这是种傲慢。

0比1，麦克马纳曼们倒在了决赛。其实在开球之前，他们就输掉了这场决赛。从利物浦到皇马，

从红色卷毛狗变成白色卷毛狗。他似乎是典型的英格兰边路，一路狂奔，速度致死，可那高频下的小碎步，却未见后来者可以复制。

世界杯，他只上场过16分钟就轰然倒地，当菲戈来到伯纳乌后，他被迫忍隐在天王的阴影幕后。他像是哑火的烟花，还没有舒展绚烂，就已尘埃落定。

国籍	生日	身高	位置	足球生涯
英国	1972-2-11	185cm	中场	利物浦、皇家马德里、曼城

他的每一脚爆射都让我在
心里念一遍他的名字。

HASSELBAINK 025

哈塞尔巴因克

在今天中锋稀缺的年代，哈塞尔巴因克总成为我们编写中锋教程的范例。

少年时在阿姆斯特丹持刀抢劫后，足球让他转身成为一名中锋。他的身体对抗让有他掩护的搭档暗喜不已。让拥趸惊叹的，是他不讲理的爆射。

从荷兰小球队到葡超再到利兹联，他足足磨炼了10年，在马德里竞技的一个赛季已显他正步入巅峰期。此时到切尔西是恰逢其时，两个赛季下来，他均以23球两夺英超金靴。在斯坦福桥，他要求自己永远正面球门，那才是他发力的方向。

足球如果也有祖师爷，他就是祖师爷赏饭吃的天生射手。

国籍	生日	身高	位置	足球生涯
荷兰	1972-3-27	178cm	前锋	特尔斯达、阿尔克马尔、坎波迈奥伦塞、博阿维斯塔、利兹联、马德里竞技、切尔西、米德尔斯堡、查尔顿、加的夫

他看似轻描淡写的触球，总是为球队带来精彩的助攻与进球。

RUI COSTA 026

鲁伊·科斯塔

他总是踢着神仙球。某种程度上，他是已经绝迹的古典主义者。球在他的脚下，他从不与对手缠斗与对抗，

传球，连续接传球，他可以在鲁莽的防守者脸上画上大写的尴尬，而不会掉落一丝飘逸的长发。

2002年，皮尔洛、西多夫、鲁伊、里瓦尔多四人同时首发的“4个10号”的打法，只在米兰出现了半个赛季。

但无可争议的是，鲁伊是10号中的10号，绝对的前腰。当赛季的欧冠捧杯，是对鲁伊与豪华进攻前场的最佳褒奖。当卡卡加盟逐渐取代他的位置之后，鲁伊做人与做事一样优雅。2006年，米兰同意以零转会费成人之美，放鲁伊加盟本菲卡。这是34岁的鲁伊·科斯塔与东家最体面的告别。

摇曳多姿之美，鲁伊就是高处的一枝花。

国籍	生日	身高	位置	足球生涯
葡萄牙	1972-3-29	180cm	中场	本菲卡、法费、佛罗伦萨、AC米兰

他左脚射出的球总能在对
方门将面前弹一下再绕开
门将继续……
2015.10.6
F.C.B.

RIVALDO

里瓦尔多

027

先抑后扬，是里瓦尔多的人生逻辑。非议傍身，却总能用更重磅的还击封住你的嘴。在巴萨的里瓦尔多，他可以满足你对前锋或前腰的任何想象与要求，他是无所不能先生。但巴西人民不愿意了，他们抱怨里瓦在国家队总会淹没消失。里瓦不善言辞，他是低调的大师，但你千万不要因为他的低调，忘了他是荣誉等身的大师。

当他在禁区任何一个地方开始飞扬时，当他以各种你已知或未知的方式还击时，你会恍然大悟：这位金球先生实至名归！

2002年的3R已成绝唱，我们无须再多笔墨描绘他的神迹，另外两个R，就是对他最好的注释。13年后，43岁的里瓦尔多与儿子里瓦尔迪尼奥在巴乙同场，父子双双梅开二度。他的飞扬，超出你想象。

国籍	生日	身高	位置	足球生涯
巴西	1972-4-19	186cm	中场	圣克鲁斯、莫吉米林、科林蒂安、帕尔梅拉斯、拉科鲁尼亚、巴塞罗那、AC米兰、克鲁塞罗、奥林匹亚科斯、雅典AEK、缔造者、圣保罗、卡布斯科普、圣卡埃塔诺

他是最善于在关键比赛进
关键球的艺术家。

ZIDANE 028

齐达内

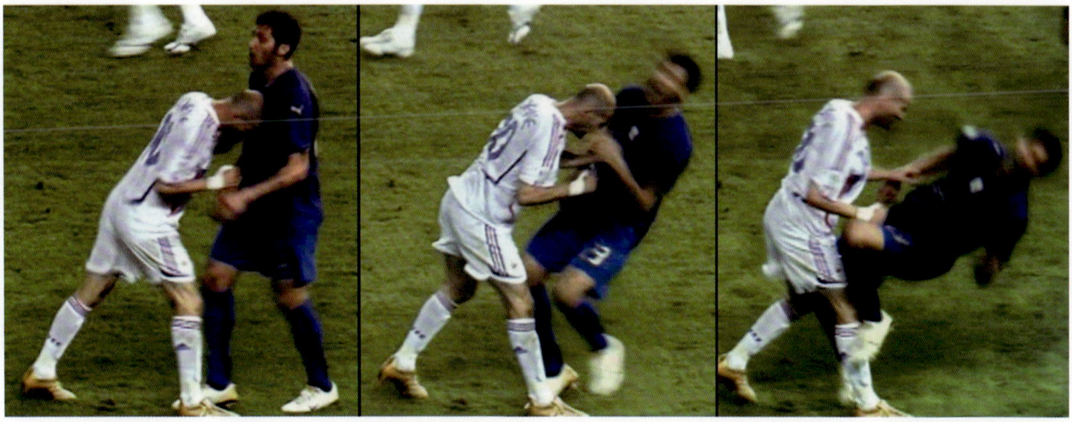

世纪之交，他被票选为50年来最伟大的足球大师。曾经有幸和他共同出现在足球场，哪怕我们只是带着一双眼睛，也是我们绝对的幸运。

其他人在赋予足球力量和奔跑，他赋予脚下足球的，是本能。举手投足，他在宣告：这就是我的足球方式，别无二家。我们在战战兢兢中享受了他炉火纯青的巅峰，只是没有料到，他用那石破天惊的一头撞击，告别了世界杯，也告别了惊愕的世界。当他再次归来时，执教皇马，一个欧冠三连中再令世界瞠目结舌。齐玄宗的谶纬之说只是我们的无知与肤浅，至少，悲壮是齐达内的命运之踵：他总是在决赛之刻，选择事了拂衣去，深藏身与名。第二次执教皇马，悲壮正在进化，我们没有意识到：他正在完成从大师到传奇的蜕变。

立言、立功、立德，是圣人的三不朽，齐达内正在三立的路上。我们还没有意识到是：我们依旧有幸，有幸与他同路，看他如何幻化足球的无穷无尽。

国籍	生日	身高	位置	足球生涯
法国	1972-6-23	185cm	中场	戛纳、波尔多、尤文图斯、皇家马德里

当年世界上最贵中后卫
足以证明他的价值。

2016.8.7.

STAM 029

斯塔姆

一定是当我们远离他之后，才会怀念的那一个人。这话是弗格森说的。

天生的中卫胚子，有着变态的身体素质。1.9m 的身高，意味着头球无敌，91kg 的体重，是一道移动的城墙。但最强的不是身体，而是眼神。眼神是他兜不住的战斗意志，眼神可杀人，嗓门如狮吼，他要震慑到对手闻风胆怯，他要鼓动到队友士气大涨。受伤之后也闲不住，写了一本爆料曼联更衣室的自传。爆料最后把自己爆出了曼联，在29岁的巅峰期，被弗格森赶走。当弗格森再次回忆他时承认，卖掉斯塔姆，是他职业生涯最愚蠢的错误。

国籍	生日	身高	位置	足球生涯
荷兰	1972-7-17	191cm	后卫	兹沃勒、坎布尔、威廉二世、埃因霍温、曼联、拉齐奥、AC 米兰、阿贾克斯

adidas
F.C. BAYERN MÜNCHEN E.V.
OPEL
那时候他是拜仁牌
“射门机器”。

ELBER 030

埃尔伯

勒夫是埃尔伯的贵人。

没错，就是如今德国队的主帅勒夫。那时他还真的是少帅，36岁首次执教，把年仅22岁巴西小子塞进队中，成就了“斯图加特三驾马车”的美名。德甲成名是通往慕尼黑的快车道，埃尔伯也不例外。他是莱万多夫斯基之前，拜仁最成功的外援。

但又如何呢?

他离开巴西太早，成名离巴西太远，巴西人并不喜欢德式重装的“雇佣兵”。那个时代骄傲的巴西，先有“罗－罗”组合，后有“3R”组合，埃尔伯，一个德甲的射门机器而已，甚至没有替补席的门票。

这就是一种门户之见，但此门乃豪门。埃尔伯命比纸薄。

国籍	生日	身高	位置	足球生涯
巴西	1972-7-23	182cm	前锋	AC 米兰、草蜢、斯图加特、拜仁慕尼黑、里昂、门兴格拉德巴赫、克鲁塞罗

TAMOIL
他是球场上的“永动机”，
永不停歇。
2016.8.8.

NEDVED 031

内德维德

当他抵达尤文图斯时，都灵人失望了，这个头发不少，进球不多的捷克人，无论如何无法填补齐达内留下的真空。但他以另外的方式征服了“老妇人”：在罗马，他像一个橄榄球的跑锋，抱着炸药包冲进禁区，引爆掉对手的后防。

这就是内德维德，奔跑有时是他唯一的技能，他有多能跑？能连续跑两场比赛。某一个夏休季，别人在度假，他整整跑了一个月。里皮说，请休息一会，亲爱的帕维尔。

31岁高龄时，他终于跑赢了亨利和马尔蒂尼，当跑下了当年的金球奖那一刻，他并不认为自己是顶尖球员——我希望自己未来能与此球相配。

如果说凭球技或天赋你才能赢下这一刻，内德维德则是另一种答案：我以一个真正的男人方式征服了足球世界。

国籍	生日	身高	位置	足球生涯
捷克	1972-8-30	177cm	中场	布拉格杜克拉、布拉格斯巴达、拉齐奥、尤文图斯

他是第一位授权漫画给我
的顶级球员。

FIGO 032

菲戈

葡萄牙足球史上的三号人物：C 罗、尤西比奥之后的大传奇。

和弗洛伦蒂诺一起在伯纳乌亮相，是主席交给皇马的投名状，也开启了银河舰队一期的璀璨。回到诺坎普，苛刻的加泰罗尼亚人对他抛去一个真的猪头，他优雅如常。在银河天王中，这位绅士锁定着自己专属的右侧“菲戈走廊”，贝克汉姆也不得为之让位。他从不轻易斜传禁区，选择更困难的下底传中。

为何？因为下底传中能让队友包抄更舒服。

他用绅士的外表征服了女人，也用绅士的妥帖征服了男人。甚至在2000年没有一个冠军加身，他也能捧起金球奖，谁说他不是一个让人欢喜的男人?

国籍	生日	身高	位置	足球生涯
葡萄牙	1972-11-4	180cm	中场	里斯本竞技、巴塞罗那、皇家马德里、国际米兰

记得卡西说：如一定要一个人当我的队友，不要齐达内，不要菲戈，也不要罗纳尔多，只要马克莱莱。

MAKELELE 033

马克莱莱

银河舰队一期初成时，这个毫无明星味道的人来到伯纳乌。出生在刚果，其貌不扬。踢的是后腰，苦力干脏活。

当齐达内降临皇马后，马克莱莱变成了这个皇马史上最伟大的“5”号身边的保镖。

齐达内负责进攻、再进攻，马克莱莱护法，保护、扫荡、阻击、蹚雷……保镖是巨星背后的巨人。相得益彰之时，银河舰队空前成功。

2004年银河舰队一期的崩盘，与当年马克莱莱转投切尔西直接相关。得到马克莱莱的切尔西步入辉煌，失去马克莱莱的皇马分崩离析。两队因为马克莱莱，走入了各自不同的命运。如今回想皇马，没有干脏活的保镖，银河变成了流沙。

他是巨星战略中最容易被忽略的一环，也是巨星战略最大的教训。没有马克莱莱，就没有银河舰队的脊梁。

国籍	生日	身高	位置	足球生涯
法国	1973-2-18	168cm	中场	南特、马赛、塞尔塔、皇家马德里、切尔西、巴黎圣日耳曼

他是每一位主教练都想得到的“超级替补”。

SOLSKJAER 034

索尔斯克亚

“娃娃脸”的球员生涯可以写一本书，书名是《论一个板凳球员的修养》。

他的高光时刻都在替补上场后发生，你不知道的是，他在板凳上坐着时，已经把对手的奇经八脉看透，甚至拿出笔记本记下弗格森的一言一行。只等着上场一击致命。就像那年欧冠决赛逆转拜仁的补时进球。所以，当他接手曼联主帅时，你才恍然大悟，他是从替补板凳上就开始了他的教练生涯。谁也不知道他在曼联能走多远，只有一点可以肯定，他身上有纯粹的红魔基因，他是弗格森之后，最接近弗格森的曼联自家教练。

国籍	生日	身高	位置	足球生涯
挪威	1973-2-26	178cm	前锋	克劳森宁根、莫尔德、曼联

他是全能型中场
的开山始祖。

DAVIDS 035

戴维斯

如果足够资深，你会见过两个戴维斯。一个戴眼镜，一个不戴眼镜。

因为他有青光眼疾需要保护眼睛？这只是答案的一半。另一半是，身高不足1.70m的戴维斯，戴上眼镜更适合在高佬丛中左奔右突，像一只春天的野猪。

他是兽腰，更像一块铁橡皮泥，持球人一旦被他贴上，就是噩梦的开始。又或者，他时常把对手放倒，却极少吃牌。他就是这样的一个麻烦，你甩不掉的麻烦。从阿贾克斯、尤文图斯到巴塞罗那，尽管不会有球队为他而设计战术，但他在每个球队都是战术级的球员，不仅能添砖加瓦，也可以雪中送炭。

国籍	生日	身高	位置	足球生涯
荷兰	1973-3-13	170cm	中场	阿贾克斯、AC米兰、尤文图斯、巴塞罗那、国际米兰、托特纳姆、水晶宫、巴内特

他才是绰号“小飞侠”第一人。
ABN·AMRO

OVERMARS 036

奥维马斯

最后的边锋。

边锋，就是在翼位飞翔——真的是飞翔——用速度在飞翔。所以，他不是阿贾克斯青训出品，他必须来自“前进之鹰”队，这是荷兰唯一一支用英格兰式古怪名字的球队，鹰击长空，拥有速度的自由。他热爱速度胜过热爱足球，他喜欢骑上父亲为他组装的摩托车，享受速度的快感。换到现在，我们习惯称这样的人叫：小摩托。

他远离球场的中央，不在禁区做最后致命的绝杀。只有边路，才能给摩托和鹰足够的纵深，只有边路，才是他们苏醒的起跑点。他们是翼类也是足球的异类，在边锋式微之后，分外令人怀念。

国籍	生日	身高	位置	足球生涯
荷兰	1973-3-29	173cm	边锋	前进之鹰、威廉二世、阿贾克斯、阿森纳、巴塞罗那

adidas
据传他的大腿围81cm，射出的
足球时速接近150公里/小时，
还能踢出诡异的弧线。

ROBERTO CARLOS 037

罗伯托·卡洛斯

大力神。

大力出奇迹。

还有比他更粗的大腿吗？还有比他更大力的力射吗？还有比他更不讲道理的大力远射吗？

大力神在2002年举起了大力神杯。这年，他的大力穿了中国国门江津的裆，一个招牌的任意球破门。4年以后，遇到了法国。齐达内开出角球，大力神的鞋带松了，他忙着绑上……亨利在他失位处打进比赛唯一进球。

鞋带，从此成了大力神的阿喀琉斯之踵。

国籍	生日	身高	位置	足球生涯
巴西	1973-4-10	168cm	后卫	帕尔梅拉斯、国际米兰、皇家马德里、费内巴切、科林蒂安、安日、德里迪纳摩

在意大利能混成最好后卫的难要大于最好前锋。

AYALA 038

阿亚拉

又一个只属于那个时代的中卫。1.77m的身高在中卫里只能算是一只“老鼠”，可他的水准能进到阿根廷史上中卫的 TOP5。

变态的弹跳，精准的下铲，狡猾的站位。这三个关键词成就了他。

1998年的夏天，他不幸成为背景墙。18岁的欧文风一样从他身边掠过，他被定身，启动是他的弱项。博格坎普接到后场40m 的长传停球扛过他，读秒绝杀阿根廷。他瘫倒在地，对抗是他的弱项。顶尖的对抗中，他落败一毫。他的1998年，由此变得回首苦涩。他离开之后，阿根廷中卫再无星光。

国籍	生日	身高	位置	足球生涯
阿根廷	1973-4-14	177cm	后卫	西部铁路、河床、那不勒斯、AC 米兰、巴伦西亚、比利亚雷亚尔、萨拉戈萨、竞技

在意大利能混成最好后卫的难度……

PANUCCI 039

帕努奇

作为一个防守人，不需要出彩就是最大的成功。帕努奇显然就是如此。在米兰和马德里的巅峰时期，不显山露水，一个边后卫甚至助攻都不多，非议由此不断：你不过是卡佩罗的干儿子。也是卡佩罗把他带到了崇尚进攻的伯纳乌。但对一个意大利人来说，防守是一种血液中的基因。

如果范巴斯滕出生在意大利，他也一定踢后卫。帕努奇也是中锋出道，越踢越后，直到干爹把他招到米兰，按住在后卫线上。

他又能如何?

他说，足球像是一个车轮，你只有不断向前。青年队时，他的12分钟跑能比队友快一圈。不出彩的后卫，一样不缺天赋。

国籍	生日	身高	位置	足球生涯
意大利	1973-4-12	184cm	后卫	热那亚、AC 米兰、皇家马德里、国际米兰、切尔西、摩纳哥、罗马、帕尔马

代表葡萄牙国家在重大比赛无法进球是他最大的遗憾。

PAULETA 040

保莱塔

在 C 罗还没有出道之前，葡萄牙的进攻如万古的长夜。保莱塔，是长夜中的一盏燃灯。暗夜盏灯，可点亮斗室。

他是天生的二中锋和影子前锋，他的身体对抗像个娘们，但射门的技巧却几乎全能，包括急速的头槌，包括“保氏飞碟”旋转的任意球。可葡萄牙羸弱得让他充当箭头，去抗住咄咄吃人的虎狼中卫。没有空间，没有掩护，只有最原始的厮杀。他干不了这活，不是他的错，而是时代的误会。

他职业生涯的全盛期几乎都在法甲，无论在波尔多还是巴黎圣日耳曼，他的赛季进球从来不低于两位数，在波尔多，他两次穿上法甲金靴。在巴黎，他填补了罗纳尔迪尼奥留下的空白，又再一次两获法甲金靴。

他是属于法甲的传奇。

国籍	生日	身高	位置	足球生涯
葡萄牙	1973-4-28	180cm	前锋	圣克拉拉、米卡埃伦塞、埃斯托里尔、萨拉曼卡、拉科鲁尼亚、波尔多、巴黎圣日耳曼、圣罗克

“亚平宁坦克”这个绰号是对他最好的诠释。

VIERI 041

维耶里

一位可以写进教科书的中锋，在供我们缅怀。

中锋是什么？不是僚机，不打掩护，不拉边路，就是终结者。当你的队友把球绝望传吊入禁区，你凭借身体的优势，在肉搏中，在重围中，把球弄进球网——没人管你用什么方式。这就是爽心悦目的终结者。有维耶里，就能进球。

足球有时候就该做这样的减法。1998年，他在马竞上场24次，进球24个。当季西甲最佳射手。他在马竞只踢了这一个赛季，没有前戏，直接高潮。他踢了20年的职业足球，转会17次，效力过15家球队。足球娼妓？愤怒的球迷这样谩骂他们昨天还膜拜的射手。他是天生的浪子。他甚至都不是意大利籍，5岁到了澳大利亚，16岁回国，一口澳式英语伴随他在欧洲流浪。自然，他的女友们，也和他效力的球队一样多。

国籍	生日	身高	位置	足球生涯
意大利	1973-7-12	185cm	前锋	都灵、比萨、拉文纳、威尼斯、亚特兰大、尤文图斯、马德里竞技、拉齐奥、国际米兰、AC 米兰、摩纳哥、佛罗伦萨

米库比齐达内晚出生 1 岁
01 个月 01 天。

MICOUD 042

米库

齐达内二世。中场偏左的位置，盘带、传球、远射都像一个师傅教出来的师兄弟，无论从任何角度看，都是小一号的齐达内。甚至年龄也比齐达内小1岁1个月零1天。为此他远走德国不莱梅，人们也没有放过他：“北方的齐达内”。

2002年世界杯小组赛前两场，齐达内因伤缺阵。第一场0比1输塞内加尔，齐达内的位置由德约卡夫替补。第二场，米库赢来了他最好的正名机会：不论你是齐达内二世，还是米库。命运这天给到了米库机会。其他10人的配置和第一场一样，米库替下德约卡夫。结局依旧悲摧：0比0，法国被推到悬崖边缘。米库是谁？这场比赛没有给出答案。于是，我们永远也不知道，是否真有齐达内二世曾经存在。

足球历史的书写者，还是会记录下那个唯一的齐达内，哪怕最后第三场本尊齐达内带伤上阵也没有拯救法国。历史终究没有给齐达内二世留下位置。米库，是一个想象中的迷，或者，就只是一个想象。

国籍	生日	身高	位置	足球生涯
法国	1973-7-24	185cm	中场	夏纳、波尔多、帕尔马、不莱梅

没有看过他带球，但他总能进球。

2015.10.8.

INZAGHI 043

因扎吉

因扎吉，出生在意大利北部美丽的艺术之城皮亚琴察……

错了，因扎吉，出生在越位线上。他就在越位线上飘浮着，跑动着……

他几乎不需要球权，因为他不擅长盘带，也不擅长传球。球不在他的脚下时，你甚至感觉不到他的存在。因为他甚至连颠球都不擅长。他擅长什么？他擅长进球，在越位线等待来球后，开启他的进球。

当你看到他时往往是两种场景：

一、射门后得分庆祝，非常疯狂。

二、射门后越位无效，悻悻而走。

在 VAR 把持越位的今天，有人说，VAR 消灭了因扎吉这样的机会主义者。这正是我们怀念他的原因：不是他依靠越位或假摔获益，而是他对进球的强烈饥渴感，成就了他这样一个，被克鲁伊夫认为根本不会踢球的进球机器。

国籍	生日	身高	位置	足球生涯
意大利	1973-8-9	181cm	前锋	皮亚琴察、阿尔比诺莱费、维罗纳、帕尔马、亚特兰大、尤文图斯、AC 米兰

他身体里流淌着的是
蓝黑色的血液。
2016.8.16

ZANETTI 044

萨内蒂

因为他，国际米兰不会再有“4”号。

“4”号，因为他在梅阿查球场永久封存。这是体育世界对伟大球员的极致尊重。他为国际米兰出勤19年，860场比赛，41岁以队长之身退役。这是国际米兰伟大的传统在继续：法切蒂、贝尔戈米到萨内蒂。这种人物，你无法用天赋、技能甚至足球数字去衡量。他可以做到新婚当天还在训练，飞机晚点也趁空跑圈。无论队友还是对手，身边的巨星皆如过江之鲫，可他守住了一座城。无论是左路，还是右路。他不仅左右逢源，边路高频的往返冲刺和耐力之强，世间罕见。

有我在，国际就没有对手的自由走廊。

有我在，此路不通！

这是性格的力量。

忠诚从来都是稀缺品，19年不变，他战胜的不仅仅是对手，还有时间。这是队长的力量。

国籍	生日	身高	位置	足球生涯
阿根廷	1973-8-10	178cm	后卫	塔勒雷斯竞技、班菲尔德、国际米兰

或许“盘带”才是他前进最大的“绊脚石”。

OKOCHA 045

奥科查

尼日利亚的魔术师，非洲雄鹰中的飞鸟。他飞到欧洲来做什么？

第一站是法兰克福。他在禁区内反复盘扣，把当时的卡恩，耍得像一只刚从树上掉下来的猴子。第二站是巴黎。他像一个叛逆大师，重新改写了教科书中盘带过人的章节，那些看似不合理，甚至有悖人体生理特征的动作，让欧洲人目瞪口呆。让后辈罗纳尔迪尼奥会心揣摩，发扬光大。

他从未获得过非洲先生，也没有获得欧洲联赛的冠军，他不为锦标而来，他为盘带而生。乔治·维阿说：他是撒哈拉以南非洲技术最好的球员。

国籍	生日	身高	位置	足球生涯
尼日利亚	1973-8-14	173cm	中场	法兰克福、费内巴切、巴黎圣日耳曼、博尔顿 卡塔尔运动、赫尔城、诺因基兴

2006 年德国世界杯，
他的表现是零失误。

CANNAVARO 046

卡纳瓦罗

2006年，卡纳瓦罗因意大利在柏林夺取世界杯，荣升金球先生。他获得了一个古怪的新外号：新柏林墙。在他之前，后卫获奖的前辈有萨默尔和贝肯鲍尔。但此二位都有德国足球特有的自由人战术加分，纯粹以中卫防守冠绝群英，卡纳瓦罗其实是第一人。有人说，在这个时候，足球防守与卡纳瓦罗可以画上等号。但这个前无古人的荣誉头衔还是姗姗来迟。

早在8年前，他就是意大利的主力中卫，他的身边，马尔蒂尼、内斯塔团花簇锦，甚至更华彩夺目。但历史成就的中后卫之王，不是米兰的马尔蒂尼，不是罗马的内斯塔，而是一个仅有1.75m的那不勒斯孩子。他没有吃中卫饭的身高，但有吃中卫饭的头脑。弹跳、卡位、位置感都曾已臻化境，防守此时是性感的艺术。

退役3年后，他再次到中国掀起了新高潮。恒大成为他执教的第一支球队。原来，他不仅有吃中卫饭的球商，还有吃教练饭的情商。

国籍	生日	身高	位置	足球生涯
意大利	1973-9-13	176cm	后卫	那不勒斯、帕尔马、国际米兰、尤文图斯、皇家马德里、阿联酋阿赫利

很感谢他能效力AC米兰，
因为我是米兰的球迷。
AC
1899
win
2017.6.30

DIDA 047

迪达

门将，从来是意大利人的专属。

AC 米兰却从巴西引进了迪达，甚至不惜以“假护照”的代价。这位巴西国家队的常客，在2002年世界杯封冠之后，赢来了他在米兰的巅峰。

2003年欧冠决赛米兰VS尤文图斯，一场意大利内战，怎么能少了门将开秀。120分钟0比0，这是典型的意大利结尾。剩下的交给了迪达和意大利的门神布冯。迪达扑出了3个点球，布冯扑出了2个。米兰夺冠，迪达成名。在接下来的意甲中，他注解自己绝非虚名。首发32场，只丢20球，帮助米兰夺冠。迪达成为第一位当选意甲赛季最佳门将的外国人。但仅过两年，他状态下滑失去了在米兰的主力。许多同侪的显赫，是因为门将这个位置的长寿，足够熬出来一串长长的记录。

迪达的轨迹像突兀的险峰，起势与陨落，都一样雄奇峻峭。

国籍	生日	身高	位置	足球生涯
巴西	1973-10-7	196cm	门将	维多利亚、克鲁塞罗、卢加诺、科林蒂安、AC 米兰、葡萄牙人、格雷米奥、巴西国际

他没有绝对速度，也没有华丽盘带，但他有不紧不慢的奔跑。

PIRES 048

皮雷

温格在海布里留下了一个独一无二的时代。这个时代承载了海量的显赫人物，而皮雷是温格岁月中的典型一员。

奥维马斯远走巴萨，皮雷上位。和前任纯粹的边锋不同，皮雷是一个优雅的法国人，无论面庞还是球风。在海布里的阳光下，他时刻保持笑容与助攻，在他身前有亨利和博格坎普，他只需把球递上，就能掀起进球的欢呼。他在身后，微笑着分享胜利。无论在国家队还是阿森纳，他是占据持球权的推进器，他的小碎步突进令对手无解。在他们统治英超的3年中，他每年提供14个进球维持球队的前进。更不要忘记，对南安普顿的那记30m 外的吊射，球划出最极限的高曲弧，在飞凌球门上端时，诡异向左一顿，急速坠入球网。这是对皮雷最佳的影像记录：球如皮雷，皮雷如球。

国籍	生日	身高	位置	足球生涯
法国	1973-10-29	188cm	中场	梅斯、马赛、阿森纳、比利亚雷亚尔、阿斯顿维拉、果阿

皮雷加上奥维马斯等于吉格斯。

2015.11.5.

GIGGS 049

吉格斯

1992年，曼联青年队斩获青年足总杯赛的冠军，这班底最终有10名球员，荣升一队。史称曼联92班。

吉格斯是92黄金一代中的最杰出者。在左翼，如果说奥维马斯擅长速度，皮雷擅长盘带控球，那吉格斯就是两人的完美合体，此外，高速中的急停与变速，更是他的独家招牌。

他在曼联29年。弗格森说，“再也不会有像吉格斯这样一名球员，将自己的29年光阴献给同一家俱乐部。”他成为串联起曼联百年历史中的一环。这是他在曼联最终的地位。这个地位，超越了92班。而他的不幸，都在威尔士的赛场。他从18岁至34岁，9次率领威尔士出征欧洲杯和世界杯的预赛，均告失败。2018年年初，他执教威尔士国家队。他没有放弃，我们仍旧能在欧洲杯的赛场，向这位传奇起立致敬。

国籍	生日	身高	位置	足球生涯
英国	1973-11-29	179cm	中场	曼联

印象最深刻的就是1994年法国世界杯他头顶荷兰门将范德萨的场景。

ORTEGA 050

奥特加

奥特加在哪里？奥特加就在河床队中。

拉普拉塔河的南岸，最早踢球的队，就叫河床。酗酒、脾气暴躁的奥特加的欧洲之行很短也很失败：3年，3个球队，21粒进球，他又回到了河床。这里才是他的营养液。

为什么他不属于欧洲?

他为什么要属于欧洲?

就像阿根廷人给他的外号是“小毛驴”，可你在场上无论如何找不到他的球风和毛驴有丝毫关系。我们看到奥特加，最早被定义为马拉多纳的接班人。但后来时间长了就知道不能当真，阿根廷稍微有点出息的人，都被戴上这个接班人的帽子。他和里克尔梅相似，技术好得无可挑剔。但为了能适应欧洲，他不惜转型成右边锋。可还是被嫌弃太慢，太懒，太无效率……

奥特加就是踢这样的，你不懂的足球。你不懂，这是你的问题。

国籍	生日	身高	位置	足球生涯
阿根廷	1974-3-4	170cm	前锋	河床、瓦伦西亚、桑普多利亚、多利亚、帕尔马、费内巴切、纽维尔斯老男孩、里瓦达维亚独立全男孩竞技、保卫者

总觉得他不是那位传说中的门迭塔。

MENDIETA

门迭塔

051

他是一个失败者。

2001年夏天，他以4800万欧元高价从瓦伦西亚转会拉齐奥，谁也没料到，这是一个巨大失败的开始。

在此之前，他和瓦伦西亚两次获得欧冠亚军，也因此两次被评为欧洲最佳中场。

在瓦伦西亚，他是一个奢侈品。他是球队攻防体系的核心，是超级的自由人，是不受位置约束的进攻指挥塔。唯有这样的使用方式，才能成全门迭塔。到了意甲，他变成了另一个体系中大号的螺丝钉，没有战术与位置的自由度，他就是折翼的飞鸟。再到巴萨，他甚至无法与莫塔、罗申巴克等人竞争到一个主力位置。瓜迪奥拉此时已不在巴萨，但巴萨也不会为他这样一个巴斯克人而重组球队。

他的折翼坠落，并非个人化的失败，而是当体系不兼容球员时，所露出的无情黑洞。

国籍	生日	身高	位置	足球生涯
西班牙	1974-3-27	173cm	中场	卡斯特利翁、瓦伦西亚、拉齐奥 巴塞罗那、米德尔斯堡

当年看他进球后真心希望他
能换一个庆祝动作，但……

MONTELLA 052

蒙特拉

蒙特拉与因扎吉都属典型的意大利特产前锋，依赖敏锐的进球嗅觉而立足赛场。

他比因扎吉至少更会踢球，更有技术能力。除了场均半个球的进球率外，他还留下了“小飞机”的招牌庆祝动作，进球之后滑翔在赛场，动作简单，却极富感染力。意大利从来不缺这样的前锋，就在人们准备把他告别时，他一个华丽转身，成为罗马的主教练。从此一发不可收，他7年之内执教了5支意甲球队，在米兰还掀起了青春风暴。但成绩却令人皱眉头。甚至152天内被米兰和塞维利亚解雇两次。

飞机遭遇了强气流，执教的航线比自己进球的轨迹更显艰难。从名将到名帅，他还在飞行中。

国籍	生日	身高	位置	足球生涯
意大利	1974-6-18	172cm	前锋	恩波利、热那亚、桑普多利亚、罗马、富勒姆

提到他就想到了力量、速度、头球、冷静……

CAMPBELL 053

坎贝尔

在热刺人看来，坎贝尔是不可饶恕的犹大。

2001年，身为热刺队长的索尔，加盟了北伦敦的宿敌阿森纳。在此之前，有8人跨过北伦敦的这条分界线，但没有人取得坎贝尔这样的成功。在阿森纳以不败战绩夺冠的最辉煌赛季，坎贝尔领衔的后防，在38轮比赛中仅失球26个。

这是阿森纳辉煌的基石。他不仅拥有令前锋生畏的肌肉和力量，得了“超级岩石”的大号，其从不摇白旗的战斗欲望，更成为兵工厂的油泵。巅峰时期的坎贝尔，拥有的快速移动和对抗能力，在英超是统治级的中卫。

阿森纳跨3个赛季的49场不败，是对他最有力量的注释。

国籍	生日	身高	位置	足球生涯
英国	1974-9-18	188cm	后卫	托特纳姆、阿森纳、朴茨茅斯、诺兹郡、纽卡斯尔

有三种踢直接任意球的方式：精准式、力量式和德尔皮耶罗式。

PIERO 054

皮耶罗

尤文图斯的王子，没有之一。

1994年对佛罗伦萨，他用外脚背撩进了天外飞仙一球。进球之美妙令意大利全国震动，他就用这个进球，把巴乔打入冷宫。此后18年，他代表出场超过700场，进球超过300粒——这些都是一个王子使命所在。2006年的夏天。皮耶罗悲喜交加。尤文图斯被降入乙级，他与布冯选择留队，承担了奇耻大辱。

意大利队在世界杯半决赛对东道主德国，已经沦为替补的7号皮耶罗，在著名的“皮耶罗区域”推射右上角得手，

把意大利带入到柏林的决赛并捧杯。这是都灵王子送给意大利最后的礼物。在此之前，他在蓝衣军团蹉跎了太多岁月。辜负了太多期望。

皮耶罗，究竟是被高估，还是被低估。没有答案。

国籍	生日	身高	位置	足球生涯
意大利	1974-11-9	174cm	前锋	帕多瓦、尤文图斯、悉尼FC、德里迪纳摩

他真的越老越像一个“生姜头”。
2016.7.21.

SCHOLES 055

斯科尔斯

当贝克汉姆或吉格斯的传中球，被挡出在罚球弧附近时，这块空间被命名为“斯科尔斯之地”。

顶着一头红发的斯科尔斯拔腿怒射，这种不讲道理也不讲弧度的硬朗一击，恨不得足球把球网也击穿，这种情理中的爆射，可以点燃球场内外的荷尔蒙，它只属于英格兰，由斯科尔斯制造。

南美人认为，英格兰的足球强调进球即是目标。足球与身体的关系是不亲密的，他们不喜欢控球，更喜欢长传、硬射，让足球远离身体。斯科尔斯大约是诠释了这种纯正的英格兰足球，让足球如炮弹一般远离身体的时候，制造着撕裂空间的爆炸之美。记住斯科尔斯，只要这样的一球足矣。

国籍	生日	身高	位置	足球生涯
英国	1974-11-16	168cm	中场	曼联

他的巅峰期在拉齐奥。

SALAS 056

萨拉斯

萨拉斯留给欧洲足球的进球并不多，留下的进球后的激情却一帧一帧从不褪色。

巴蒂曾说，足球是我们表达自己的一种方式，如果需要选择一个词来描绘，那就是激情，激情就够了。我们必须意识到，中文语境中的激情是一个令人蹙眉头的词，我们总是担心激情之后是什么，而让我们丧失了激情的资格。

萨拉斯无论在世界杯还是意甲赛场，你能记住的不是比分与记录，而是他进球后肢体语言传递的激情。他的呼叫中甚至带有狰狞，他的奔跑中甚至充满杀气，不要躲避他的激情，至少他不会跳出电视机来咬你。他从欧洲回到了南美洲，最终落户河床。因为他很清楚，只有在这里才足够安放他迸发的激情。

国籍	生日	身高	位置	足球生涯
智利	1974-12-24	173cm	前锋	智利大学、河床、拉齐奥、尤文图斯

在我心里他是任意球大师里的NO.1。

JUNINHO.P 057

小儒尼尼奥

把任意球踢成点球的奇人。

诡异的弧线，快速的下坠，极速的弹地，同时还经常瞄准死角。他的任意球几乎无人能挡。他的职业生涯进了近80个任意球，在里昂8年他打进100多粒进球，其中有40个以上是任意球。这样的数据令人恐惧。

在里昂的热尔兰球场，当主队获得任意球时，球迷们的兴奋程度丝毫不亚于获得点球，因为他们有这位不世出的任意球大师。因为其诡异的触球方式，他的任意球射门点几乎遍及前场没有死角。

2006年，当他获悉自己入选巴西队世界杯名单时，他激动得哭了。1/4决赛对法国奏响巴西国歌时，他再次潸然泪下。

命运无常，他有多爱这个国家，比赛带给他的伤害就有多大。告负法国之后，他宣布退出国家队，他的唯一一届世界杯之旅戛然而止。

巴西，有负于这位天才的任意球大师。

国籍	生日	身高	位置	足球生涯
巴西	1975-1-30	178cm	中场	累西腓体育、达伽马、里昂、卡塔尔加拉法、纽约红牛

他为曼联效力了18年，
担任了6年的队长。

GARY NEVILLE 058

加里·内维尔

曼联92班的班长不是吉格斯或贝克汉姆，是他，加里·内维尔。一个右后卫。

他没有速度，也不会盘带。能成为英超最好的右后卫之一，因为他会传中，无论是下底传中还是斜传。他与贝克汉姆共筑了曼联和英格兰著名的右路走廊。在基恩被弗格森赶出曼联后，他成为更衣室的新大佬。弗格森夸奖说有他在更衣室，自己凭空添了一笔财富。

他如此热爱曼联，可以狂奔40m 去看台的另一端羞辱死敌利物浦的球迷。他捍卫曼联的声誉，甚至向责骂球队表现的本队球迷挥舞拳头，就像坎通纳二世。他极端在乎胜利，当斯科尔斯决杀同城对手曼城时，他情不自禁在赛场上热吻发蒙的斯科尔斯。退役之后执教试水瓦伦西亚，4个月后就被解雇。他意识到自己离开了曼联，就是一个笑话。他的未来之路，只能在曼联延续。

国籍	生日	身高	位置	足球生涯
英国	1975-2-18	180cm	后卫	曼联

2002年我第一次把他画成了一个发动机。

VERON 059

贝隆

在阿根廷，他的父亲被称为“白巫师”，他一出道，因无法遮掩的天赋，即被称为“小巫师”。

贝隆认为自己并非天生的前腰，他在意甲花了7年时间，证明了自己踢欧洲赛场的5号也能立足。

转会到曼联，本该是他的一个升华。

弗格森极其欣赏他的天赋，却找不到一个适合他的位置。他和斯科尔斯、基恩搭档无法形成合力。弗格森只能说：“贝隆在比赛中就如同自由的小鸟，可以出现在任何地方。”

他的英语不好，也不适应曼联的训练强度，没有冬歇期的英超，也在捆绑他的翅膀。和许多南美中场一样，比赛的节奏对他的影响极大，意甲的慢节奏，更适合他的思想与身体。在曼联狼狈不堪的两年，是他的悲剧，也是弗格森最失败的转会。回到阿根廷才是最好的疗伤。

31岁，他重返拉普拉塔大学生队，

34岁，他率队夺得南美解放者杯并荣获MVP。

37岁，正式宣布退役。

阿根廷从此再无巫师。

国籍	生日	身高	位置	足球生涯
阿根廷	1975-3-9	186cm	中场	拉普拉塔大学生、博卡青年、桑普多利亚、帕尔马、拉齐奥、曼联、切尔西、国际米兰 、布兰德森

个人觉得他是被严重低估了的超级前锋。

2016.12.21

MAKAAY 060

马凯

荷兰人在同一时间拥有过四大中锋：范尼、克鲁伊维特、哈塞尔巴因克和乡村杀手马凯。马凯在联赛的进球率（最高到0.73）甚至还超过前两位。他们都有匹配中锋的身高，马凯更偏消瘦，这让他的移动更快，反击速度更快。但前两位总是占据主力先发，来自荷兰乡村的马凯从阿纳姆队起家，从未效力过荷兰三大豪门。

国家队他只能靠替补上场的20分钟作文章。时间对他总是那么吝啬，也从来不是他的朋友。但他总能抓住转瞬之间溜出的机会。

2007年欧冠对皇马，卡洛斯停球失误，萨里哈米季奇突破传中，马凯中路跟进射门破网。10.2秒，这是欧冠最快的进球纪录。也是马凯扼住命运喉咙最快的出手。

国籍	生日	身高	位置	足球生涯
荷兰	1975-3-9	188cm	前锋	阿纳姆、特内里费、拉科鲁尼亚、拜仁慕尼黑、费耶诺德

性格和伤病捆绑住了他的双脚。

FOWLE

福勒

061

在利物浦，他被称为 God，在赛场内外，他都堪称传奇。

场内，他是天才的射手，是英格兰最有天赋的球员。1994年到1997年连续3个赛季进球30+，1996年、1997连续两届英超最佳球员。1998年因伤缺阵世界杯，否则他与欧文的利物浦前锋组合要大杀四方。

场外，他是“The Spice Boys（辣仔）”，这是讽刺他与麦克马纳曼、詹姆斯、科利莫尔等队友都是一群花花公子。他在禁区白线上模仿吸食毒品来庆祝入球，他讥讽切尔西的勒索克斯的屁股像是同性恋，不仅让自己名誉受损，更坐实了花花公子的指责。可一转眼，他又变成了房地产投资天才，从房屋中介到旧城改造，2005年，他成为了英国第三富有的球员。

他的天赋就像金手指，凡指点处皆能点石成金。足球没有成为天赋唯一的出口，这是众多足球天才的一种宿命。与更多毁于酒精、毒品和女人的天才相比，罗比的结局还算中规中矩。

国籍	生日	身高	位置	足球生涯
英国	1975-4-9	175cm	前锋	利物浦、利兹联、曼城、加的夫城、布莱克本、北昆士兰狂怒、珀斯光荣、蒙通联

他是我最喜欢的球员，
没有之一。

BECKHAM 062

贝克汉姆

说到贝克汉姆，你能想到什么？出道至今，已经26年了，他从一个60m外超远距离吊射的金发少年，变成了一个遍体文身的四个孩子的型男父亲。从足球开始，他已经成为世界级的公众明星。

与刻板的弗格森决裂是必然。转会皇马成为银河中最闪亮的星，也是必然。从马德里到洛杉矶，到米兰，到巴黎，无一不是时尚之都，也是必然。足球世界有一种保守的暗黑力量，他们并不接受贝克汉姆在场外的外显与张扬，从弗格森到卡佩罗就是如此。贝克汉姆没有抱怨，他说：忘记我的脸，记住我的右脚。我是万人迷，这不是我的选择。

他是一个只会用右脚的前卫，他把皇马右路的位置让给了菲戈，去踢费力的后腰。他很勤奋，他也是足球界有史以来最有影响力的宠儿，宠儿也有勤奋的权利。

国籍	生日	身高	位置	足球生涯
英国	1975-5-2	183cm	中场	曼联、普雷斯顿、皇家马德里、洛杉矶银河、AC 米兰、巴黎圣日耳曼

他是足坛的"基努·里维斯"。

VALERON 063

贝莱隆

贝莱隆被誉为“西班牙的齐达内”，却没有获得齐达内级的尊重。

除了在“超级拉科”，国家队没有为他打造体系。在西班牙追求硬朗风格的时代，这位传球甚至比齐达内还要犀利的大师，这位职业生涯从未吃过红牌的大师，据说没有身体对抗能力，只能枯坐替补席。没有了传球，却可以用人品征服足球世界。年薪只有36万欧元，还认为自己挣得多了愿意降薪。用不多的薪水购买了一个农场，把就业岗位和收入全部用来帮助穷人。一直不用私家车，训练只乘坐公共汽车。在职业生涯的末期，没有选择海外淘金，而是回到职业的起点：拉斯帕尔马斯，两年之后，40岁高龄，带领拉斯帕尔马斯重返西甲。41岁时，当拉斯帕尔马斯确定保级无忧，他才宣布挂靴。

他是一名虔诚的教徒，也是足球的圣人。他的人生正如他所说的那样：我一直试图表现得正直些，为身边的人做到最好。

国籍	生日	身高	位置	足球生涯
西班牙	1975-6-17	186cm	中场	拉斯帕尔马斯、马洛卡、马德里竞技、拉科鲁尼亚

他是“现象级”的传统9号中锋。

CRESPO 064

克雷斯波

球商高，球运低。这是对克雷斯波的一种诠释。

他和意大利机会主义前锋很相似，门前嗅觉突出，总出现在可以破门的恰当位置。这是一种足球的智商。不仅如此，他的左右脚小技术和头球能力均非常出色，射门无死角。AC米兰与利物浦的冠军杯决赛，公认是利物浦的奇迹。可比赛前45分钟，是克雷斯波的时间，他独中两元，米兰的领先，是奇迹必不可少的前提和前戏。奇迹属于利物浦，也可能属于克雷斯波。决赛的进球，让他成为唯一一位在欧冠决赛和南美解放者杯决赛都有进球的球员。

1996年他在河床队也是独中两元夺取解放者杯。决赛进球必须要有一颗大心脏，他的同胞，前辈巴蒂或后辈伊瓜因，都是大比赛的小人物，小比赛的大人物。要说大心脏，都不如他。

国籍	生日	身高	位置	足球生涯
阿根廷	1975-7-5	183cm	前锋	河床、帕尔马、拉齐奥、国际米兰、切尔西、AC米兰、热那亚

一直没有明白他凭什么能在皇马待10年。

SALGADO 065

萨尔加多

萨尔加多要感谢塞尔塔时期的主教练桑托斯，听从老教练的指导：从一个平庸的中场边锋变成了一个卓越的边后卫。

从前排移位到后排，他暗自庆幸：站在后场，放眼向前望去，他的前排哪一个不是富贵逼人的高手。他在银河舰队一期能保住了一席之地，实在是没有比他更有星味的大牌右后卫可供主席先生收购。2003年他与皇马抵达“非典”肆虐后的北京。从飞机上一口气下来三位金发垂肩的帅哥，欢迎的人群慌不迭直呼：贝克汉姆！其实除了贝克汉姆本尊，另两位被误认的替身是萨尔加多和古蒂！飘逸的金发也是此时皇马的标配。

2009年，主席先生第二次当选，银河舰队二期组队。萨尔加多与古蒂、劳尔最终难逃清洗。不过在皇马11个赛季，足够令人记住他。

国籍	生日	身高	位置	足球生涯
西班牙	1975-10-22	174cm	后卫	塞尔塔、萨拉曼卡、皇家马德里、布莱克本

也是一位“任意球大师”。

RECOBA 066

雷科巴

他是足球的宠儿。

他不是进球机器，不是中场大师，不是领袖，不是统帅。他只是足球的宠儿，前国际米兰主席莫拉蒂的干儿子。

他有一只被上帝吻过的左脚，这只左脚无所不能。这只左脚至少有6次直接把角球罚进球门。任意球破门更是家常饭。他沉醉在金左脚的温柔乡中不思去路……唯有一次他被租借到威尼斯——这是一个将被遗弃的坏消息，他爆发了，半个赛季19场比赛进了11球。这次爆发足够让他回到梅阿查球场，11球也成了他意甲10年里最多的赛季入球。

在梅阿查，他是最好的替补，而不是主角。他配搭过罗纳尔多、萨莫拉诺、维耶里、阿德里亚诺甚至马丁斯。他甚至无法拿到一个主力前锋的位置，但只要“父亲”莫拉蒂还在，他永远不会背叛。把命运交给主席和球队，也许是他人生最大的失误。

红颜未老恩先断，斜倚熏笼坐到明。白居易一语成谶，点明了“中国男孩”雷科巴最后的归途。

国籍	生日	身高	位置	足球生涯
乌拉圭	1976-3-17	179cm	前锋	达努比奥、国民国际米兰、威尼斯、都灵、帕尼奥尼奥斯

罗纳尔多说他是意甲最难对付的后卫。

NESTA 067

内斯塔

如果有世界第一中卫的王座，谁坐下去能众望所归？内斯塔恐怕是非议最少的人。

他最大的特点，就是没有特点。无论哪一项中后卫该有的指标，他都无可挑剔：大师级的防守意识，顶级的盯人技巧，天才站位防守，世界级的铲球，精准的长传，领袖级的防守指挥。把防守变成一门艺术，是他的标签之一。把防守变成一门优雅的艺术，是他又一道标签。

2006年意大利世界杯夺冠，是他的中卫队友举起了大力神杯。内斯塔在运气上输给了矮他12cm 的卡纳瓦罗。从1998年世界杯开始，连续三届，他总在小组赛就受伤缺赛，这阻碍了他在国家队的履历成绩。

伤病，是上天对内斯塔职业生涯善意的留白。过于完美的人生，反而不真实。

国籍	生日	身高	位置	足球生涯
意大利	1976-3-19	187cm	后卫	拉齐奥、AC 米兰、蒙特利尔冲击、金奈

他是那种年纪越大踢球越妖的球员。

SEEDORF 068

西多夫

16岁出道，创下荷兰最年轻职业球员纪录。

36岁，逆流而行，从AC米兰转会巴甲的博塔弗戈。

20年横行江湖妖气十足，越来越妖。

19岁在阿贾克斯，拿下人生第一座欧冠。

3年后在皇马，拿下第二座欧冠。

5年后在米兰，拿下第三座欧冠，再4年后，拿下第四座欧冠。

史上唯一一人在3队拿3次欧冠。

绝对的人生赢家。

在皇马，他是雷东多的副驾，在米兰，他是皮尔洛的副驾。4个10号同时上场，他算一个。当鲁伊·科斯塔离开之后，副驾变成了王牌。西多夫却开始左右摇摆起来，高光时候，他可以独对巴萨的梦幻中场，低迷时候，米兰总也拿不下意甲小虾米。

前者占1/3时间，后者要占2/3。可就是这样的神经刀踢法，他也在米兰前后踢了10个赛季，超过利德霍尔姆，成为米兰出场最多的外籍。看来摇摆令人长寿。

国籍	生日	身高	位置	足球生涯
荷兰	1976-4-1	177cm	中场	阿贾克斯、桑普多利亚、皇家马德里、国际米兰、AC米兰、博塔福戈

头球尤其出色，他是劳尔的好哥们。

MORIENTES 069

莫伦特斯

他的话题总是与弗洛伦蒂诺相关联。因为弗洛伦蒂诺，他成为银河舰队的最典型牺牲品。

1999年，他接过苏克留下的9号球衣，成为皇马的正选前锋。由于连续在5场比赛中打进2球，他被誉为“梅开二度”先生。

2000年，弗洛伦蒂诺当选主席，菲戈加盟。

2001年，齐达内也来到伯纳乌。

眼看身边的高人越来越多，笼罩莫伦特斯的阴影出现在天际边缘。

2002年，罗纳尔多携世界杯金靴而来，莫伦特斯彻底沦为替补。不得不租借摩纳哥一年。

等他再回到伯纳乌时，欧文又来了。“梅开二度”先生二度沦为替补。随后的职业生涯一路走低，西班牙本土中锋就此凋零。在弗洛伦蒂诺的“齐达内 + 帕文”的组队战略中，肯定没有他的位置。他的不幸，是成为一个大计划的垫脚石。甚至到了15年后的今天，他依旧是反弗洛伦蒂诺最犀利的悲情武器。

国籍	生日	身高	位置	足球生涯
西班牙	1976-4-5	186cm	前锋	阿尔巴塞特、萨拉戈萨、皇家马德里、摩纳哥、利物浦、瓦伦西亚、马赛

他是我最喜欢的中场。

VIEIRA
维埃拉

070

当他横空出世时，谁也不知道该如何使用这头怪兽。最早在戛纳，他被放在边前卫的位置，浪费了他的防守天赋。到了 AC 米兰一年，甚至只能替补出场两次。所幸，他遇到了法国青年人的伯乐：温格。

阿森纳是他的转折点：他和他的球队，总算搞明白该如何使用他。他是最早 B2B 踢法的后腰。对手的阵地进攻或是反击，总会被他的铲断阻止。而本队的反击又从他这里开始，此时他极好的大局观成为球队进攻的指南。如此攻守兼备使用维埃拉，才算找对了说明书。温格是这份说明书的作者吗? 答案并非如此。维埃拉自己超强的学习能力，才是他成型的最关键因素。他的说明书，他自己书写。

国籍	生日	身高	位置	足球生涯
法国	1976-6-23	193cm	中场	戛纳、AC 米兰、阿森纳、尤文图斯 、国际米兰、曼城

离门越近，他命中率就越高。

VAN NISTELROOY 071

范尼斯特尔鲁伊

范尼斯特尔鲁伊，这个荷兰人的名字，和他的身高一样长，和他的脸一样长。

对方球门前6m的方圆，就是著名的“范尼区域”。他有着非常好的位置感，在这个区域内他破门得分如探囊取物。范尼在“范尼区域”的卓越表现，又被称为“小禁区之王”。

在小禁区他能嗅到最细微的战机，高大身材可以垄断这里的头球，脚下小技术也非常细腻，在曼联他攻入了150球，有149粒是在禁区内完成。和传统中锋还有不同的一点，范尼非常善用身体与力量替队友拼抢出空间。小禁区，不仅让自己成名，也成全了队友。

国籍	生日	身高	位置	足球生涯
荷兰	1976-7-1	188cm	前锋	登博施、海伦维恩、埃因霍温、曼联、皇家马德里、汉堡、马拉加

年少成名，但陨落的很快。

KLUIVERT 072

克鲁伊维特

你应该注意到，克鲁伊维特与另一位荷兰中锋范尼，同年同月同日出生。这是不世出的一对好兄弟。

克鲁伊维特在欧冠决赛的进球助阿贾克斯夺冠，这年他才18岁。年少能成名，也经不住为名所累。挑衅者在场上一句脏话，就能让他方寸大乱，三次被禁赛。转会巴萨之后，他的事业开始稳定下来，他拥有一个顶级中锋所有的必备要素，但并没有达到人们的预期。他与范尼在荷兰国家队中的搭档次数屈指可数，因为他们在风格上彼此并不兼容。范尼比他更勤于奔跑，也更善于捕捉机会。在记分牌的数据和效率纪录中，晚成名6年的范尼后来居上。

克鲁伊维特的天赋公认超过范尼，但他的状态下滑太快。在范尼代表曼联大杀四方的时候，他远走纽卡斯尔、瓦伦西亚，星途无光。天赋终究是一团迷离的雾，没能幻化为漫天的星斗。

国籍	生日	身高	位置	足球生涯
荷兰	1976-7-1	188cm	前锋	阿贾克斯、AC 米兰、巴塞罗那、纽卡斯尔、巴伦西亚、埃因霍温、里尔

他是葡萄牙黄金一
代的正印前锋。

NUNO GOMES 073

努诺·戈麦斯

他与菲戈、鲁伊·科斯塔齐名，组团出世，号称葡萄牙黄金一代。

2000年欧洲杯他抵达了巅峰。戈麦斯对英格兰、土耳其和法国的三个进球，几乎昭示了一个锋线巨星的诞生：对英格兰的门前调整力，对土耳其的身体极其柔韧的头球，对法国不假思索的抽射。但就在与法国的比赛结束前3分钟，戈麦斯瞬间从巅峰跌倒深渊。他和菲戈不能接受法国队获得的一个点球。菲戈愤然离场，戈麦斯赛后因攻击裁判，被罚停赛8个月。这届杯赛的一个金童，还未闪耀，就已熄灭。

人们记住了他俊朗的外表，飘逸的球风，但对他的记忆，永远也停留在2000年的那个夏夜。

国籍	生日	身高	位置	足球生涯
葡萄牙	1976-7-5	181cm	前锋	博阿维斯塔、本菲卡、佛罗伦萨、布拉加、布莱克本

对尤文他打进的那一球就
是他的足球生涯。

2017.3.8.

RICKEN 074

里肯

命运对他极其苛刻。只有在1997年5月28日的慕尼黑之夜，他点亮了自己全部的光。

在欧冠决赛上，上半场多特蒙德依靠里德尔的两个进球领先。下半场，尤文图斯扳回一球。70分钟，希斯菲尔德换上了刚刚高中毕业的里肯。1分钟后，多特蒙德中路断球展开反击，球到了里肯脚下。他大禁区外得球后没有带球而是直接选择了吊射，皮球在空中划过一道精彩的弧线后，飘进入了大门。

多特蒙德以3比1拿下比赛，里肯成为全德国期盼的少年英雄。一场成名之后，命运的大门却就此轰然关闭。人们再次看到他的名字时，是在2002年世界杯德国队的23人名单中。这届德国人获得亚军的杯赛，他是队中除守门员外，唯一没有出场过的看客。

“永久的新秀”，还没有开始，就已结束。

国籍	生日	身高	位置	足球生涯
德国	1976-7-10	178cm	中场	多特蒙德

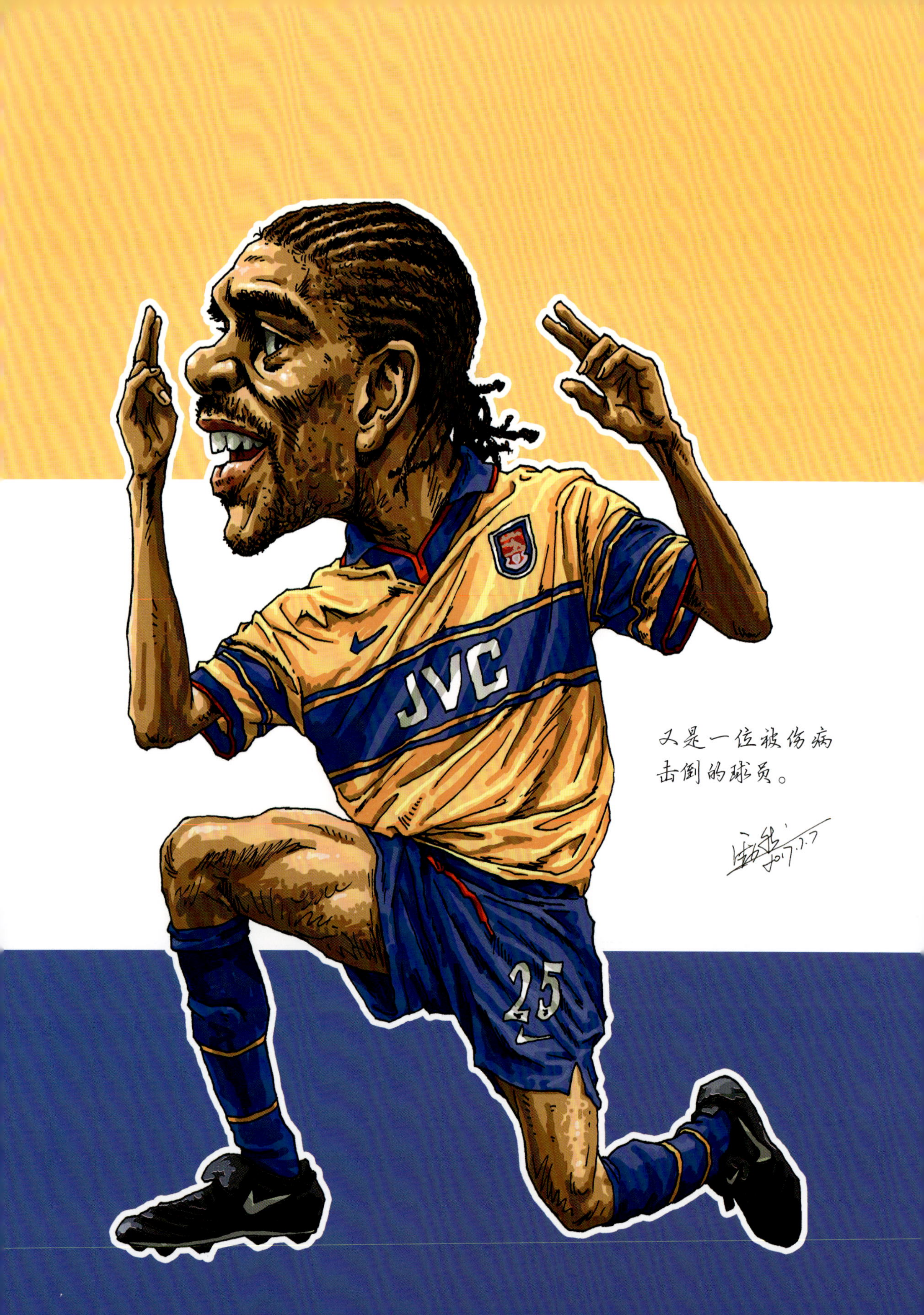
JVC
25
又是一位被伤病
击倒的球员。

KANU 075

卡努

这位极其瘦高（1.97米）的尼日利亚前锋，在1995年和1996年两次与阿贾克斯杀入欧冠决赛。1996年奥运会还顺手拿了一枚足球金牌，一时间，平生不识此卡努，纵是英雄也枉然。“前锋收集者”莫拉蒂主席很快签下了卡努，国际米兰等待他驾临。可就在转会后的例行体检中，卡努被查出有隐性心脏病，必须马上进行心脏换瓣手术，否则随时会猝死在赛场。一幕大戏还没拉开，就变成了悲剧。所有人都在后怕，过去两年国士无双的风云人物，竟然背着一颗随时会爆的人肉炸弹。宅心仁厚的莫拉蒂没有退货，给了卡努一年时间进行手术和恢复。1997年新赛季他复出时，梅阿查球场响起了经久的掌声。

然后，后面的故事并不励志。连续两年，他只能位居国际第6前锋，在罗纳尔多、巴乔、萨莫拉诺等之后。在转会阿森纳后，已是物是人非，不复当年勇。退役之后，他成立了“卡努心脏基金会”，热心帮助受心脏病威胁的非洲儿童。这或许是他最贴题的归宿。

国籍	生日	身高	位置	足球生涯
尼日利亚	1976-8-1	197cm	前锋	心之地、阿贾克斯、国际米兰 阿森纳、西布罗姆维奇、朴茨茅斯

世界上至今为止最
伟大的前锋。

RONALDO 076

罗纳尔多

70后的球星，是漫天星辰的灿烂银河。领衔者、首席、天选之人，只有一个，没有之一。那就是罗纳尔多。

托斯唐曾说：17岁的罗尼就是一个前锋的杂货铺，没有他不会的技术。到了欧洲，他的踢法简化为速度至上。或者，只需要速度他就可以通吃欧洲。这埋下了他膝盖韧带断裂的悲剧。因为韧带跟不上他肌肉成长的力量。

2002年，他膝伤复出之后，至尊的世界杯成为他的正名之战。他认真起来，拔高的是足球这项运动可以达到的上限。8个进球，世界杯冠军 + 金靴。第3次获得金球奖。这是他众多故事中，有大转折的一个。但在上限的高度，他是寂寞的。因为无人可以匹敌。就像 C 罗与梅西可以匹敌，罗尼没有匹敌者。没有匹敌者的罗尼变成了肥罗，在最后的职业生涯中，穿大号球衣也无法掩盖他寂寞的肥肉。如今的大号肥罗成了西甲巴拉多利德的新主席，却让我们不敢相认。

国籍	生日	身高	位置	足球生涯
巴西	1976-9-18	183cm	前锋	克鲁塞罗、埃因霍温、巴塞罗那、国际米兰、皇家马德里、AC 米兰、科林蒂安

在国家队层面上，他确实少了点运气。

BALLACK 077

巴拉克

他是马特乌斯之后德国最硬的中场，如果当初在全世界收集球星的弗洛伦蒂诺能把他带到伯纳乌，他会是银河舰队一期最理想的钢铁脊梁。造化弄人，他去了伦敦西区的另一个好莱坞剧场切尔西。

德国足球进入到21世纪时，天空布满了黑暗，在这个低谷期，只有这位小恺撒在力撑苦斗，把德国队带入2002年世界杯决赛，是他血战之后的极限。他就像一个铁血奶妈，为苍白的德国足球续命到了2006年本土世界杯，才渐有血色。在那个时运不济的暗夜中，他是小时代的大人物。

国籍	生日	身高	位置	足球生涯
德国	1976-9-26	189cm	中场	开姆尼茨、凯泽斯劳滕、勒沃库森、拜仁慕尼黑、切尔西

他在罗马拖了 25
年的地。

TOTTI 078

托蒂

生于罗马，长于罗马，退役于罗马。年轻时是罗马王子，年长后是罗马国王。

他与皮耶罗曾被视为意大利未来的大人物，可一个终老都灵，一个终老罗马。特拉帕托尼曾说托蒂将是意大利的齐达内，可他永远只是罗马的队长。1993年，他首次代表罗马出场年仅16岁，1997年，21岁的他成为罗马队长。直到……直到罗马队副成为一个段子。

2017他正式退役，20年的队长说，队副德罗西可以转正了。托蒂为什么一直在罗马？这已经成为一个热搜的话题。

他经历了6任罗马教练，阿根廷人比安奇曾想把他按在板凳席，他用转会皇马要挟，重回主力阵容。他才是罗马的地下组织部长。这是有关托蒂转会唯一的一则流言。他是罗马足球的地标，离开这片红色土地，他会枯萎死亡。如此深爱故土，就像一个热爱土地的老农，世界那么大，可和我无关。托蒂，就是罗马的老农民。

国籍	生日	身高	位置	足球生涯
意大利	1976-9-27	180cm	中场	罗马

他要是第一次没有去切
尔西会如何呢？

SHEVCHENKO 079

舍甫琴科

东斯拉夫人是欧洲最为古老和庞大的部族集团，他们诞生在乌克兰境内著名的第聂伯河。舍甫琴科也是这方水土养大，更有基辅迪纳摩，产出了布洛欣、贝拉诺夫和舍甫琴科三位金球先生，这是乌克兰的造星工厂。

东斯拉夫足球远在欧洲东翼，总是飘浮着与西欧不同的味道。舍甫琴科就是这样一种存在，他和贝拉诺夫都可以凭借惊人的速度，好像可以把一切麻烦都解决。但你仔细追溯，却发现似乎什么都没有解决。

他是基辅集体主义时代为今天足球世界留下的最后一名优质毕业生，他们似乎无所不能，却时时无所作为。

舍瓦现在执教的乌克兰队又在大杀四方，吊起了追慕者的胃口，可与如今的中国队相似，他们的爆破力，来自归化的巴西强援。

国籍	生日	身高	位置	足球生涯
乌克兰	1976-9-29	183cm	前锋	基辅迪纳摩、AC 米兰、切尔西

性格和状态是“金狼”
的短板。

GUTI
古蒂

080

伯纳乌成精的变色龙，不然，他在皇马熬不了15年。

在银河舰队一期前夜，骨髓里就是马德里主义者的古蒂，深得博斯克的信任，莫伦特斯受伤后，他被推到中锋的位置。

2001年欧冠对拜仁，中锋古蒂在德国人的强悍面前暴露了自己的短板。他的确配不上皇马的先发阵容。

进入到银河舰队一期，在罗纳尔多、齐达内、菲戈、贝克汉姆相继到位后，古蒂没法不成为一只变色龙或是万金油。

前锋、前腰甚至后腰，哪里需要填坑，就有这位皇马队副的身影。变，只是为了能踢上球。这是他们一代皇马人的心酸。他挺了过来，眼看他起高楼，眼看他楼塌下。2009年弗洛伦蒂诺二度当选皇马主席，卡卡、C罗、本泽马开始组建银河战舰二期。古蒂知道这次他挺不过去了，他不是巨星，他只是在他们光环下想踢球的马德里孩子。

国籍	生日	身高	位置	足球生涯
西班牙	1976-10-31	183cm	中场	皇家马德里、贝西克塔斯

曾经的世界第一“走廊型”边后卫。

ZAMBROTTA 081

赞布罗塔

转型，从右前卫到左后卫。这是一个什么样的故事?

2002年世界杯受伤后，赞布罗塔在尤文图斯的新赛季仍在养伤。一个转籍的阿根廷人卡莫拉内西，乘势占据了他的右前卫位置。里皮只好把他放在左后卫位置。一鸣惊人，赞布罗塔一跃而成世界级的边后卫。在高度专业化、位置化的职业足球体系中，就算同一个位置的左右，逆足或顺足，都能极大影响球员的发挥。从左到右，从前到后，这种大挪移，只有赞布罗塔成功做到这样的转型，而与其说是转型，不如说是重新塑型了自己的足球生涯。被誉为走廊型球员的赞布罗塔，拥有极好的空间感和无差别的左右足能力，这是他转型成功的关键。

这个看上去只是一个小故事，却有着水银一样的分量。

国籍	生日	身高	位置	足球生涯
意大利	1977-2-19	181cm	后卫	科莫、巴里、尤文图斯 巴塞罗那、AC米兰、基亚索

那时候的他顶着一团火，
不停的奔跑……

LJUNGBERG 082

永贝里

他是一台永动机。

曾有统计显示，永贝里是英超平均每场比赛跑动最多的球员，每场比赛，他大概只有10秒钟站在原地不动，其他时间都在跑动中。在阿森纳的进攻体系中，永贝里的得分能力极强，他的插上进攻起到重要的作用，后插上突破往往能给予对手致命打击。2000年世界杯的前一年，永贝里是英超最佳球员，但他唯一的世界杯之旅却了无痕迹。即便如此，这个瑞典人在赛场外依然收获了极高的关注度，棱角分明的面孔和雕塑般的身材，让他在时尚界也有一席之地。

国籍	生日	身高	位置	足球生涯
瑞典	1977-4-16	175cm	中场	哈尔姆斯塔德、阿森纳、西汉姆联、西雅图音速、芝加哥火焰、凯尔特人、清水心跳、孟买

过了很久才知道他进球后庆祝动作的意思是“你们听见了吗？”。

TONI
托尼

083

托尼入选国家队时已经27岁，此前在意乙的帕勒莫的一年中，拿下了意乙的射手王。虽与2006年意大利黄金一代同龄，托尼的闪光点来得偏晚。2006年在佛罗伦萨，托尼以31球，成为第一个意甲和意大利的欧洲金靴。单赛季30+ 的进球，47年来意甲第一人。当年的世界杯，托尼是意大利绝对主力中锋，替补席是暮年的皮耶罗、因扎吉。但托尼前4场均未进球，狡猾的里皮只需要他成为战术高点，为队友制造得分机会。

欧洲金靴变成了摆渡车，这是2006年世界杯的一道奇妙风景。捧起世界杯后，他的纪录是当届被侵犯最多的人。

他为里皮写下了一张完美的战术成绩单。

国籍	生日	身高	位置	足球生涯
意大利	1977-5-26	193cm	前锋	摩德纳、恩波利、费伦佐拉、洛蒂贾尼、特雷维索、维琴察、布雷西亚、巴勒莫、佛罗伦萨、拜仁慕尼黑、罗马、热那亚、阿联酋纳赛尔、维罗纳

他的头球抢点是当时米兰
第一，他的进球经常出现
在比赛的最后时刻。
23

AMBROSINI 084

安布罗西尼

米兰的悲情人。

从米兰青训营出道，18年效力米兰，这是他职业生涯的全部。马尔蒂尼之后，他成为血统纯正的米兰队长。

他是后腰，他搭档过阿尔贝蒂尼、加图索……

他伺候过皮尔洛等4位10号，他有在豪门球队踢主力的实力，但在米兰，他必须与加图索争夺一个为皮尔洛护法的机会。

在对方禁区，他因为惊人的弹跳成为米兰最好的头球手，身背“23”号，这是对乔丹的致敬。因为伤病，他18年间错过了诸多大赛，最终只能是国家队的边缘人物。

意大利的球队从来不乏从一而终的土生队长，安布罗西尼值得被米兰怀念。

国籍	生日	身高	位置	足球生涯
意大利	1977-5-29	182cm	中场	切塞纳、AC 米兰、维琴察、佛罗伦萨

他永远是皇马的“指环王”。

RAUL 085

劳尔

在皇马16年，他是伯纳乌的灵魂。如果不是灵魂，他如何能抗住那如山崩的毁谤。他的天赋配得上这个称号——天才的左脚，刁钻角度的射门选择，大写意的挑射。

他是皇马的王子。在银河舰队时期，如果队中有一个吝啬的工头，那就是他。

他的控制力，源出一种对自我的极度苛求，这种内敛带来的战斗力，常常是不怒而威。哪怕是在亲吻婚戒的甜美时刻，他的威风不减。他绝不是出类拔萃者中更出类拔萃的领袖，弗洛伦蒂诺想赶走他，因为他属于皇马，不属于主席。罗纳尔多对他不满意，他也未必欣赏罗尼，这是一出典型的“既生瑜，何生亮”的英雄对掐。

劳尔，此时显出了伯纳乌灵魂的真面目，银河舰队，不管来了多少外来的天王，他才是背后的大佬。他甚至在银河舰队二期开启时，也没有被主席和 C 罗掀翻，2010年他体面地挥手离开，给所有人都留足了面子。如今他是皇马二队的主教练。他的前任是齐达内、索拉里。齐达内已经从这里走到了大舞台，下一个，应该是劳尔。

国籍	生日	身高	位置	足球生涯
西班牙	1977-6-27	180cm	前锋	皇家马德里、沙尔克 04、萨德、纽约宇宙

亨利式的进球，独
一无二。

HENRY 086

亨利

1998年，法兰西之夏。

1/4决赛法国对意大利点球大战，20岁的亨利躲在特雷泽盖身后，两个邻家男孩根本不敢直面这样的残酷。

从摩纳哥、尤文图斯到阿森纳，他感谢温格不仅把他从一个边锋变成中锋，还要感谢在海布里他从男孩成长为男人。在阿森纳不败战绩夺冠的赛季，亨利当选英格兰双料足球先生并以39球获得欧洲金靴奖。这是他最骄傲的高光的时刻。

20年后，2018年莫斯科之夜。和他一样在巴黎郊外长大的姆巴佩和博格巴，再次替法国捧起世界杯。从里约贫民窟到大巴黎，这是世界足球重心转移的地标，从亨利到姆巴佩，是法国足球成长的人格化地标。

国籍	生日	身高	位置	足球生涯
法国	1977-8-17	188cm	前锋	摩纳哥、尤文图斯、阿森纳、巴塞罗那 、纽约红牛

2002年，四名土耳其后卫把他围到边线，也没有抢到球。

DENILSON 087

德尼尔森

踩单车大师，这个称谓毁誉参半。

巴西人强调，巴西足球的灵魂是 Ginga，Ginga 是什么我们近乎无知。直到德尼尔森用踩单车做了诠释。Ginga 源出舞蹈，它至少包含了三个关键词：躲闪、欺骗和空档。回想一下德尼尔森踩单车的动作：躲闪，他根本不与对手发生身体的接触。欺骗，他根本不触动皮球，用身体的晃动就让对手失去重心和方向。空档，转瞬之间，利用你的失位露出的空档，骗过你扬长而去。这是巴西街头足球的精髓。

街头足球、Ginga 足球，其实是每一个球迷最早迷恋这项运动的开始，我们会为每一次匪夷所思的动作惊叹，

为每一个欺骗假动作击节叫好。但当我们成年之后，我们会斥责这种踩单车贻误战机，是表演而不是比赛。但我们是否忘记了少年时候你的初心：是表演，是个人技术的表演，让你沉醉足球，爱上足球。于是，德尼尔森的价值无比珍贵了，绝不是他曾经世界第一的身价，而是他像前辈加林查一样小鸟飞过的街头足球，才是我们正在努力找回来的快乐。

国籍	生日	身高	位置	足球生涯
巴西	1977-8-24	178cm	边锋	圣保罗、贝蒂斯、弗拉门戈、波尔多、沙特纳赛尔、达拉斯、帕尔梅拉斯、伊图比亚拉、越南海防

就是他挤走了鲁伊·科斯塔，穿上了10号球衣。
2016.10.26

DECO 088

德科

瓜迪奥拉在退役之前，感叹他自己的组织后腰的技术正在过时。

后腰正在蜕变成兽腰，前腰也被二前锋取代。所谓六边形的中场开始初露锋芒：传球、盘带、射门、速度、防守、身体都不能有明显缺陷。

而德科，被称为“超级德科”的这位波尔图中场，2004年被穆里尼奥发明出来，并用欧冠冠军正名。同年，德科转会巴萨，在瓜迪奥拉曾经的“4”号位置上，六边形的德科踢得风生水起，每一条边打分都不低于8分。归化葡萄牙后他穿上了传统前腰鲁伊·科斯塔的10号，颠覆了后腰，也抹平了前腰的门槛。

战术的变革成全了德科的英明，所谓 B2B 的踢法，从本方禁区到对方禁区的全面覆盖，德科是最早、最优秀的演绎者之一。

国籍	生日	身高	位置	足球生涯
葡萄牙	1977-8-27	174cm	中场	科林蒂安、本菲卡、阿尔韦卡、萨尔盖鲁什 波尔图、巴塞罗那、切尔西、弗鲁米嫩塞

乌迪内斯老板波佐说我们
不阻拦他转会，但迪纳塔
莱回答是不离开。

DI NATALE 089

迪纳塔莱

2006年意大利黄金一代在世界杯荣光谢幕，草根的迪纳塔莱开始上位。

他草根而土气，没有前辈的偶像气质，27岁才第一次出现在意甲，在乌迪内斯踢了11年从未进过豪门，29岁才在国家队打上比赛。他是典型的意大利机会主义前锋。

和璀璨的前辈前锋相比，他的速度更快，快得变态，所以，他也是意大利防守反击传统的衣钵传人。他的大器晚成也的确足够晚，32岁开始连续4个赛季进球20+，而且还连续两个赛季卫冕意甲金靴，这让他比肩拉齐奥传奇射手辛格诺里。

辛格诺里曾经的搭档巴乔，夸赞老妖迪纳塔莱是意甲技术最好的前锋，这是身处褪色意甲年代所能得到的最好褒奖。

国籍	生日	身高	位置	足球生涯
意大利	1977-10-13	170cm	前锋	恩波利、伊佩佐拉、瓦雷塞、维亚莱乔、乌迪内斯

他争顶头球的成功率
高达80%！

TREZEGUET

特雷泽盖

090

成名需趁早。

21岁与亨利一起获得世界杯。23岁时遇到的欧洲杯，更是他的良辰美景。鹿特丹，法国决赛对意大利，下半场75分钟，特雷泽盖替换德约卡夫上场。此时法国队0比1落后。终场前20秒，特雷泽盖接巴特斯传球摆渡给维尔托德，后者扳平比分，比赛被拖入到加时赛。13分钟后，皮雷左路传中，在尤利亚诺和马尔蒂尼中间，在皮球还没有落地时，他左脚一记漂亮的抽射得分。比赛结束，意大利突然死亡，法国夺冠。这是最后一个突然死亡法规则下的金球。特雷泽盖替补上场一助攻一进球，一球封神。意大利人当年夏天就把这位死神请到了尤文图斯，开始了他11年的黑白生涯。

意大利人眼光很准，他出生在阿根廷，却是非常意大利化的前锋，机会主义者，不仅临门一脚出色，临门一头也是他的绝活。

就像贝克汉姆所说：整场比赛都看不到他，可突然一眨眼，他就进球了。在国家队他不是拿主意的人，可多梅内克说：进球就是他对别人说话。在尤文图斯，他打破了前辈普拉蒂尼保持的进球数，他总能给尤文镶上金边的镜框。

国籍	生日	身高	位置	足球生涯
法国	1977-10-15	190cm	前锋	普拉滕塞、摩纳哥、尤文图斯、大力神 巴尼亚斯、河床、老男孩、普纳城

绰号“喜马拉雅神犬”和“屠夫”哪个更适合他？
2017.8.13
bwin
ACM
1899
8

GATTUSO 091

加图索

意大利南方人，可从来不是循规蹈矩的乖孩子。

这是在说加图索。

他特别喜欢吃辣椒。他很不喜欢赛后的兴奋剂检查。一次抽了他10升血做检查，他恼怒了：我的兴奋剂是辣椒粉和每周中的训练！辣椒让他兴奋，让他每顿饭都离不开。“我唯一的禁药是辣椒，尽管每个星期它都会让我的屁股有反应。”这像是一个南方人的话。“我们南方人崇拜马拉松选手，是跑42公里不歇气的人。”这是在说他自己，他是个跑不死的战士，足球就是战斗。有人说他停球不好，“我以2000公里的时速奔跑，你们能否允许我在停顿的时候有些瑕疵？”“你们真以为我有马拉多纳的双脚啊？那样的话，我早抱回一打的金球奖了。”

他不需要 PS 美化，他就是这样的一个重口味爷们。

国籍	生日	身高	位置	足球生涯
意大利	1978-1-9	177cm	中场	佩鲁贾、格拉斯哥流浪者、AC 米兰、锡永

他是所有门将的偶像。

2016.12.30

BUFFON 092

布冯

77号，布冯。这是尤文图斯2019年球员名单的新号码。

本书中108个70后球员，还有两位现役球员，除了皮萨罗，最大年龄的就是41岁的布冯。曾经有说意大利有两位守门员。一位叫布冯，一位叫布冯之外的其他门将。这是对他最大的敬意。沧海真的能变成桑田，布冯也成为77号替补，他的1号球衣给了波兰人什琴斯尼。过去一年，他跑到巴黎圣日耳曼踢了一年，没错，他居然出国踢球了，据说巴黎开出了高5倍的工资。他为什么又回来了呢？为了破一破马尔蒂尼的纪录。

2019年9月28日，他的俱乐部出场数达到903场，超马队的902场。为帕尔马出场220场，为尤文出场658场，为巴黎出场25场。再往后的剧情，就只剩下目送了。

国籍	生日	身高	位置	足球生涯
意大利	1978-1-28	191cm	门将	帕尔马、巴黎圣日耳曼、尤文图斯

他能离开豪门，又能过几年转回豪门。

DROGBA 093

德罗巴

2018年底，德罗巴，这位滑跪了20年的男人宣布退役。

有人说他像野兽一样凶猛，滑跪都有三条杠。好吧，这是一个段子，其实是他在滑跪时身体方向发生转移，膝盖与脚不在一条线上，就会多出一条甚至两条滑跪的痕迹。他之所以有三条杠甚至四条杠的滑跪线，无外乎他的力量足够强，滑行距离足够长。已无法考证谁是足球史上第一个滑跪的人，索尔斯克亚和维埃拉都因为滑跪还受伤，但要说滑跪的爆发之美，德罗巴一定能进前三名。

2006年切尔西在诺坎普2比2逼平巴萨，德罗巴最后时刻的进球，刺激了主教练穆里尼奥，他在诺坎普首度上演了自己在场边的滑跪。这对师徒情同父子。早年穆帅在波尔图买不起德罗巴，“我没钱买你，但你在科特迪瓦还有没有什么表兄弟踢得像你一样好？”到了切尔西，俄罗斯主席问德罗巴是谁？

穆帅说：“阿布拉莫维奇先生，付钱吧，别说了。”将帅从此为切尔西开创了大场面。滑跪就是他们父子的态度。

国籍	生日	身高	位置	足球生涯
科特迪瓦	1978-3-11	189cm	前锋	勒芒、甘冈、马赛、切尔西 上海申花、加拉塔萨雷、蒙特利尔冲击

把他放到现在，也是
世界顶级后卫。
2017.3.2

SAMUEL 094

萨穆埃尔

萨穆埃尔在罗马的外号是"墙"，在中国球迷看来，他身如磐石，八风不动。这样的中卫，就是安全感的代名词。

但萨穆埃尔也有蓬蒿随风飘转的故事。

2007年米兰德比，卡卡面对萨穆埃尔连续做出三个匪夷所思的假动作，萨穆埃尔也连续三次变换身体姿势，卡卡是蒲苇纫如丝，萨穆埃尔本该是磐石无转移，可最后一次急转后，萨穆埃尔惨叫一声倒地重伤。休战半年。速度也是磐石的弱点，在皇马那不堪回首的一年，他被对手的反击打得狼狈不堪。他的贵人是卢西奥。

卢西奥2009年加盟后，两人风格互补，一快一准，一上一补。快速的化学反应让两位都有缺陷的中卫，组合在一起却浑然天成。当年的欧冠半决赛客场对巴萨，这对中卫把防守之力演化到无远弗届的极限，他们凭15%的控球率把梅西和巴萨挤走，留下一幅防守名局。当年欧冠冠军，是萨穆埃尔实至名归的最高回报。

国籍	生日	身高	位置	足球生涯
阿根廷	1978-3-22	183cm	后卫	纽维尔斯老男孩、博卡青年、罗马、皇家马德里、国际米兰、巴塞尔

终老一家俱乐部的球员不多，但还能获得大满贯的应该极少。

PUYOLI 095

普约尔

里杰卡尔德治下的巴萨，史称“梦二队”。

他的首任队长，即是普约尔。梦二队最大牌是罗纳尔蒂尼奥，但精神领袖是普约尔。

哈维说，他替我们展现了何为伟大。与所有豪门一样，队魂必须是本土成长从一而终，这是欧洲俱乐部足球最深厚的文化因子之一。普约尔生于加泰罗尼亚，16年职业生涯只给了巴萨。

从技术层面说，普约尔并非完美。在场上他极为铁血，但有时失于鲁莽。从右后卫到中卫，不足1.78m 的身高或是短板。但他是更衣室里的话事人，是扭紧众星搏命意志的发条和钥匙。瓜迪奥拉执教的第一个赛季大获成功，巴萨获得史无前例的六冠王，队长普约尔是六次捧杯的第一人。这是巴萨对他最大的尊重。

或许他并非瓜迪奥拉传控理念最佳的执行者，但无论何种战术也无法撼动他的领袖位置。能击败他的，只有伤病，致命的膝关节伤病。

2014年，队长袖标由他传递给哈维，巴萨薪火不灭。

国籍	生日	身高	位置	足球生涯
西班牙	1978-4-13	178cm	后卫	巴塞罗那

完美的后卫，天生的
队长。

LUCIO 096

卢西奥

30年的跨度中，他是巴西最好的中后卫。

1990-1998年三届世界杯巴西最好的中卫是阿尔代尔，2002-2010年三届世界杯主力中卫是卢西奥。蒂亚戈·席尔瓦2014年接过他的擎天一柱。22岁开始，在德甲赛场练就了一身肉搏本领。出道伊始，就被巴西队锁定为主力征战2002年世界杯。在勒沃库森有时还显毛躁，到了拜仁以三届德甲冠军为自己加持。他有天生的中卫身坯，却不仅靠身体吃饭。

就像德国足球的大神贝肯鲍尔、萨默尔一样，凭借极佳的比赛阅读能力，他时常从后场发起直插前场的助攻，令其他同侪中卫自叹不如。现如今，这样的中卫更已寥寥无几。

国籍	生日	身高	位置	足球生涯
巴西	1978-5-8	188cm	后卫	瓜拉、巴西国际、勒沃库森、拜仁慕尼黑、国际米兰 尤文图斯、圣保罗、帕尔梅拉斯、印度果阿

他定义了“现代中锋”
这个位置。

KLOSE 097

克洛泽

拥有纪录者皆是长寿之人。

克洛泽当然长寿，36岁出征世界杯还能夺冠，可他的纪录却不是熬死了其他前锋而成的传奇。2006年，罗纳尔多把世界杯进球纪录提高到15球，这符合他的资历与江湖地位。2002年，24岁的克洛泽的首度世界杯，录下5个头球的记录，超过匈牙利名宿柯奇士（上帝之头），成为世界杯的头球王。2006年，二度世界杯，再录下5球。继秘鲁名宿库比拉斯（天使之脚）后第二位两届世界杯均攻入5球者。2010年，罗纳尔多已退隐世界杯，克洛泽三度世界杯，再录下4球。罗纳尔多的纪录岌岌可危。2016年，他又来了，36岁高龄的克洛泽已在拉齐奥养老等待退休。小组赛攻入1球追平纪录。在随后的7比1米内罗球场惨案中，克洛泽攻入第2球，创下新世界杯进球纪录16球。捧起这届世界杯后，他正式宣布退役。身后还有一堆纪录：

德国历史总射手王（71球）

国际洲际大赛进球王（19球）

世界杯历史胜场之王（17场）

……

克洛泽凭借头球成名，但脚下技术确是越老越辣，FIFA官方评价他为集“上帝之头”和“天使之脚”两大神技于一体的全能杀手。他是纪录传奇。

国籍	生日	身高	位置	足球生涯
德国	1978-6-9	184cm	前锋	洪堡、凯泽斯劳滕、不来梅、拜仁慕尼黑、拉齐奥

对于切尔西和英格兰的球迷来讲，他是那盏照亮前路的“神灯”。

LAMPARD 098

兰帕德

兰帕德（Lampard），Lamp，神灯一盏。

这本来只是媒体的一个文字游戏，一语成谶，他越来越像一盏神灯。无论在三狮还是蓝军，他都能保持稳定的出场率和稳定的竞技状态，这是长明之灯。

他是攻守转换的启动点，犀利的传球是反击的指路之灯。

大局感极好，是球队的领袖级人物，这是大海航行之灯。

一脚大禁区外的英式传统的重炮远射，这是点燃胜利之灯。

兰帕德出道之初，是传统英国442阵型中偏进攻的中场，随着战术演化的发展，他成为最早一批B2B 踢法的代表，英国媒体最早使用“B2B”一词即是称呼兰帕德、杰拉德这类球员的调性。

他的绝对速度不快，但覆盖面积涵盖两个禁区之间的广域，他几乎不盘带，反复穿插和传球是他的战术手段。2009年，切尔西队医队内测试智商，兰帕德获得了超过150分罕见的高分，这足以进入著名的高智商门萨俱乐部。这样的高人，不成为奇尔西的主教练才是暴殄天物。和瓜迪奥拉、齐达内、索尔斯克亚等70后的巨星一样，他们正在打破“好球员不能成为好教练”的足球陋习与谶语。

国籍	生日	身高	位置	足球生涯
英国	1978-6-20	183cm	中场	西汉姆联、斯旺西、切尔西、曼城、纽约城

他是足坛最后一名古典足球大师，现在灭绝了。

RIQUELME 099

里克尔梅

最后一位古典主义的足球大师。

偏软的球风和不爱跑动让罗米仅一个赛季，就被范加尔的巴萨抛弃。打开罗米需要什么样的说明书？他是一个思想家，他身体不快，但他的思维飞快，手术刀式的精准短传和中长距离的转移，完全足够快，球队的整体速度并没有减慢，慢的人，是那些跟不上他思维节奏的队友。他比马拉多纳更需要球权，他有球在脚的时间远超过他无球跑动的时间，球权在脚，他是拥有上帝视角的指挥官，他必须成为球队的大脑，而不是跑步机。他的球性独此一家，小技术可以在邮票上跳舞。可惜欧洲识货者甚少。

在博卡青年14年，他收获的荣誉与尊重等身。无独有偶，贝隆告别欧洲回到拉普拉塔大学生队踢到37岁才退役，回到博卡青年的罗米，也是37岁才离开球场。回到河床的艾马尔更踢到39岁，晚就则善终，阿根廷才是这些古典前腰的归处。

国籍	生日	身高	位置	足球生涯
阿根廷	1978-6-24	182cm	中场	阿根廷青年、博卡青年、巴塞罗那、比利亚雷亚尔

容易受伤这一个缺陷足以
抵消他所有的亮点。

2017.7.24

KEWELL 100

科威尔

被伤病摧毁之前，科威尔是整个英超最危险的中场组织者之一。

在利兹联的8年时间中，金左脚的澳大利亚人总是在左侧制造威胁，除了接近满分的盘带，犀利的跑动和金左脚大力的远射让他在场上的任何位置都显得威胁十足。2003年利物浦签下科威尔，但安菲尔德的球迷并没有看到最好的澳大利亚人。2005年他随利物浦来到欧冠决赛，23分钟受伤后被斯米切尔换下，后者在下半场攻入了利物浦绝地反击的第二球，造化弄人，这是伊斯坦布尔奇迹与科威尔关联的部分。

10年之后，他功成名就领取澳大利亚最高足球荣誉“阿莱克斯·托宾奖”。迄今为止，他仍是澳大利亚足球的最高成就人，后无来者。

国籍	生日	身高	位置	足球生涯
澳大利亚	1978-9-22	183cm	中场	利兹联、利物浦、加拉塔萨雷、墨尔本胜利、阿尔加拉法、墨尔本之心

他最喜欢拜仁和不莱梅。

PIZARRO 101

皮萨罗

1999年，21岁的皮萨罗就来到了德国。2019年不莱梅的秩序册上，还有这位秘鲁老妖新赛季的4场德甲出场纪录。

每一次上场，他都在刷新德甲外援上场历史纪录，20年不辍，堪称德甲活化石。

超越皮萨罗德甲外援进球纪录的莱万，曾动情地向这位年长10岁的大哥致敬：他总是很冷静，拿球之后该做什么，这是我在他这里学会的本领。如今德甲赛场动辄向皮萨罗致敬的后辈们，都是看着他的球长大。如果说布冯还在现役，沾了门将位置的光，皮萨罗呢，是一个绝对的惊叹号，要知道他加盟不莱梅的次数就达到四次。

皮萨罗也许是史上最被低估的前锋，不是因为他德甲第二多的外援进球数，而是他不可思议的续航能力。

任何的纪录都会有作古的一天，但老兵不死，他们只是逐渐凋零。

国籍	生日	身高	位置	足球生涯
秘鲁	1978-10-3	184cm	前锋	渔船体育、利马联盟、不莱梅 拜仁慕尼黑、切尔西、科隆

不管是国家队还是俱乐部，都离不开这位“火药桶”。

RIO FERDINAND 102

里奥·费迪南德

今天的里奥，坐在电视转播席与莱因克尔侃侃而谈，仍旧是穿上了西装的一只狮子。三狮军团中，他是名副其实的头狮。好中卫常见，但好领袖不常见。

他认为中卫搭档中，一个需要掌控全场和解围，当然这是说他自己，另一个要如他的搭档维迪奇善于头球，敢把头撞进墙里。他在场上总是喋喋不休，“注意左边”“注意右边”“前压”，这是让他自己与队友集中注意力的好方法，保持体系的专注，是领袖的职责。他喜欢提前预判对手，提前采取防守动作，穿着干净的短裤踢满全场是一种高级境界。但这不妨碍他的勇敢，在50对50的时候，后卫如果不能比前锋更敢下脚、更不怕受伤，你会被前锋们欺负得体无完肤。这是球场的潜规则。最重要的，是里奥极高的稳定性，比如他的出场率和持续输出能力，领袖必须永远在赛场上带去感召力，而不是在更衣室。

每周都能上场，才能让所有人：队友、教练、球迷甚至对手感到他的力量感。在曼联12年，在三狮军团15年，他是天生的队长，中卫的领袖特质发挥得淋漓尽致。好中卫常见，里奥·费迪南德不常见。

国籍	生日	身高	位置	足球生涯
英国	1978-11-7	188cm	后卫	西汉姆联、伯恩茅斯、利兹联、曼联、女王公园巡游者

几乎没有球员和教练
能读懂他。
OPEL

ANELKA
阿内尔卡

103

浪人是他的足球标签，“Le Sulk”（易怒的人）是他的心理写照。

他的足球生涯极其漫长，长达21年，效力过的俱乐部达13家俱乐部，平均效力时间一年半。他的足球天赋极高，人球合一与射门都堪称一时翘楚，他也说自己从不思考射门技术，完全凭本能踢球。但上帝没让他的情商与球商同步成长。他出生在巴黎郊区的平民家庭，他的心智永远没有走出纷杂的大巴黎。

他与人的相处能力几乎为零，成人世界的规则很容易触碰到他敏感的神经。他应对的方式不是面对问题，而是一走了之。

2010年南非世界杯，法国队成了足球内讧的大笑话，他是笑话中的笑话。中场休息因不满主教练多梅内克，直接用脏话招呼，最终被国家队永远除名。在残酷的职业足球世界中，人们很难对这样一个任性的坏小孩报以同情，因为这是一个竞争为上的成人世界，每一个人都在抗争命运，阿内尔卡没有例外的资格。

国籍	生日	身高	位置	足球生涯
法国	1979-3-14	185cm	前锋	巴黎圣日耳曼、阿森纳、皇家马德里、利物浦 曼城 、费内巴切、博尔顿、切尔西、上海申花 尤文图斯、西布罗姆维奇、孟买城

“电梯球”这个词是他在2012年欧洲杯定义的。
2016.3.15
bwin
21

PIRLO 104

皮尔洛

慢，几乎就是足球的癌症，皮尔洛，却因为慢而优雅，因优雅而大师。

他前腰出道，长短传球都好，善于组织进攻，用脑踢球。但缺陷也明显：速度慢，身体没有对抗能力。在前腰式微的大时代，安切洛蒂让他后移，史称“前腰后移”。只是后移，并非当后腰使用。他必须配有一个正宗的后腰做保镖，才不会变成防守时的笑话。在米兰、尤文图斯和国家队，必须和皮尔洛联袂出场的人选有：加图索、安布罗西尼、比达尔、德罗西……在一众护法加持下，远离对手禁区的皮尔洛成就了英名。安全地掌握球权后，他的组织和长传能力得到极速飚红，在米兰“4个10号”的时代，身前的天才云集，他拖后组织堪称天成，控制本队攻防节奏，每场90次以上的传球为意甲最多。

2006年世界杯，他拖后的视野与长传是意大利最致命的战术级武器。30岁以后，转会尤文图斯，站着踢球的风格令他老而弥坚。克鲁伊夫在皮尔洛这里看到了他的足球哲学：大脑比大腿更快才是王道。后世的哈维，不就是皮尔洛战术的重现吗？欧足联把他列为改变足球史的19人之一，他重新定义了后腰位置，极富创造力的组织者。

国籍	生日	身高	位置	足球生涯
意大利	1979-5-19	175cm	中场	布雷西亚、国际米兰、雷吉纳 AC 米兰 、尤文图斯、纽约城

他无球的时候比有球
的时候危险。

FORLAN 105

福尔兰

22岁转会曼联后的两个半赛季，他出场60+，仅进了10球。这是对一个前锋羞辱的数字，是曼联半个世纪最差引援。那时节，全世界都相信这次弗爵爷被啄了眼。福尔兰就是一废材。他惹不起，躲到了西甲。在比利亚雷亚尔，有里克尔梅这样的助攻大师，他以25球成为西甲最佳射手。曼联人被火辣辣打了一击左脸。4年后在马德里竞技，33场32球，再次最佳射手，再次暴击曼联人的右脸。西甲7年，他稳稳保持了世界一流前锋的进球率，废材之说成了笑话。2010年世界杯，已过而立的福尔兰带上了两个兄弟出征：苏亚雷斯和卡瓦尼。乌拉圭进入4强，他攻入5球，与其他3强的射手并列金靴。他的5球中有4球堪称世界波，更有3球是禁区外诡异弧线的远射。这是一个前锋的标准答案。身高只有1.80米，他联赛中的大部分进球也都在禁区外大力完成。范尼是禁区之王，他是禁区外之王。故事绝没有到此为止，乌拉圭此时的进攻组织也是他，而不是传统的中场。别忘了他的身边还有两个最近10年来的绝对神锋。多一层责任，助他上青云。他竟然还捧得世界杯的金球奖。

他先抑后扬的奇迹，是一个伪励志故事。轻浮与妄断，才是诸位看客人性中的陋习。

国籍	生日	身高	位置	足球生涯
乌拉圭	1979-5-19	180cm	前锋	独立、曼联、比利亚雷亚尔、马德里竞技 国际米兰、大阪樱花、佩纳罗尔、孟买城

不知道是他该感谢穆里尼奥，还是穆里尼奥该感谢他？

DIEGO MILITO 106

迭戈·米利托

三十而立，说的就是米利托。

30岁时，在小球队磨炼多年后来到国际米兰。在这里，他成了穆里尼奥的关键先生。

当年意大利杯决赛，米利托进球1比0战胜罗马夺冠。当年意甲最后一轮，米利托进球1比0战胜锡耶纳夺冠。当年欧冠决赛，米利托梅开二度2比0战胜拜仁夺冠。穆里尼奥带着三冠离开，米利托成为蓝黑军团的大贵人。米利托虽是阿根廷护照，却是典型的意大利机会主义前锋。身体、速度甚至技术都不敢称一流，否则不会大器晚成。长期在底层磨炼，他的战斗心理素质非常强，善打恶战。当年与巴萨的欧冠两场半决赛异常惨烈，米利托打入1球还能助攻2球。有超强的战斗心理打底，他门前的嗅觉，在30岁的2010年大爆发，成为这一年的传奇。

国籍	生日	身高	位置	足球生涯
阿根廷	1979-6-12	183cm	前锋	竞技、热那亚、萨拉戈萨、国际米兰

不知是什么缘故，大
家对“小丑”的期望
值高了点。

AIMAR 107

艾马尔

贝隆、艾马尔、达历桑德罗三位前腰，当年阿根廷主帅疯子贝尔萨为他们伤透脑筋。在2002年前后，也只有阿根廷才拥有众多共生的前腰。疯狂的贝尔萨在世界杯预赛上曾经排出三前腰阵型，惊艳足坛。别忘了此时阿根廷还有一位被遗弃的里克尔梅。还有两位前腰奥特加和加拉多，已经被贝尔萨改造成边锋。到了2002年世界杯正赛，艾马尔被拿下，成了贝隆的替补。4年过去后，里克尔梅被佩克尔曼扶为阿根廷新核。贝隆和奥特加出局。艾马尔，成了里克尔梅的替补。同样在替补席的梅西说，艾马尔的控球在我脑中挥之不去。2008年后足球战术发生了大革命，三中场、三前锋的边路球员频繁内靠，挤占了传统前腰的空间。艾马尔和他的兄弟们从此在欧洲球场近乎绝迹。中国人熟悉的前腰孔卡也只能屈居中超。唯一让马拉多纳愿为之买票去看的球员艾马尔，也成绝唱。

国籍	生日	身高	位置	足球生涯
阿根廷	1979-11-3	170cm	中场	河床、瓦伦西亚、萨拉戈萨、本菲卡、马来西亚柔佛

25岁的他离开利物浦的时候，
也是他足球生涯结束的时候。
2015.10.30

OWEN 108

欧文

一出生，就风华正茂。

18岁惊艳了世界杯，是风一般的速度吗？不是，是无畏，无所畏惧。青春逼人的无畏，22岁在利物浦完成5冠胜业，就已金球奖在手。可后续的轨迹异常吊诡，之后的事业一路下滑，众人皆不知为何。伤病、转会消磨着这位少年英雄，他只能强颜欢笑，安慰说我的头球与左脚技术还在成长。可成长于他不过是自戕，头球与左脚再好能好到哪里去？他的成长是一种逐渐的遗失，遗失了他的少年心气和无畏勇气。没有心气与勇气，欧文到了30岁，别人还能第二春、大器晚成，他却已是泯然众人矣。转会曼联，被利物浦人鄙视至今。转会纽卡斯尔，与老大哥希勒割席断交，被斥为贪财。金童金球，只是稀薄的褪色记忆，那个欧文，早已物是人非。

国籍	生日	身高	位置	足球生涯
英国	1979-12-14	173cm	前锋	利物浦、皇家马德里、纽卡斯尔、曼联、斯托克城

从小喜欢趴在地上涂鸦，一直涂到了现在，从地上涂到桌上画板上，涂到了报刊杂志上，涂到了菲戈的 T 恤衫上……

也曾经担任杂志社图片编辑十多年，几乎每天都看很多精美的体育图片，一张好的图片或一场精彩的比赛都能给我带来激动，带来创作的冲动。

夜深人静看球赛，对于球迷来说是种享受；而边看比赛边画画对于我来说更是种无法用语言表达的感受。

我画体育漫画至今已有20年多了，爱好即工作，我喜欢很多体育项目，尤其是足球，快乐的生活，开心的画画，是我最喜欢的一句话。

这个70后侧面球星系列是在2015年中旬和边疆闲聊时得到的灵感，70后这一批球星是中国球迷最早认识的，如今都已基本退役了，淡出了足坛。我决心来画这个系列，是希望大家不要忘记了他们，也是自己对这批球星的一个回忆。

这个系列从2015年8月17日第一幅齐达内开始，到2017年12月5日最后一幅约克，历经2年4个月，终于完工了，现在也正式的出书了。

去年年底足坛60后108将也已经完工了，画册也会在计划中出版。再后续画什么呢?NBA108将? 还是足坛80后108将呢? 先调整休息一下吧！大家也可以通过 QQ、微信或微博和我交流。

这是70一代的荣光，

与他们同行的时光，没有虚度……

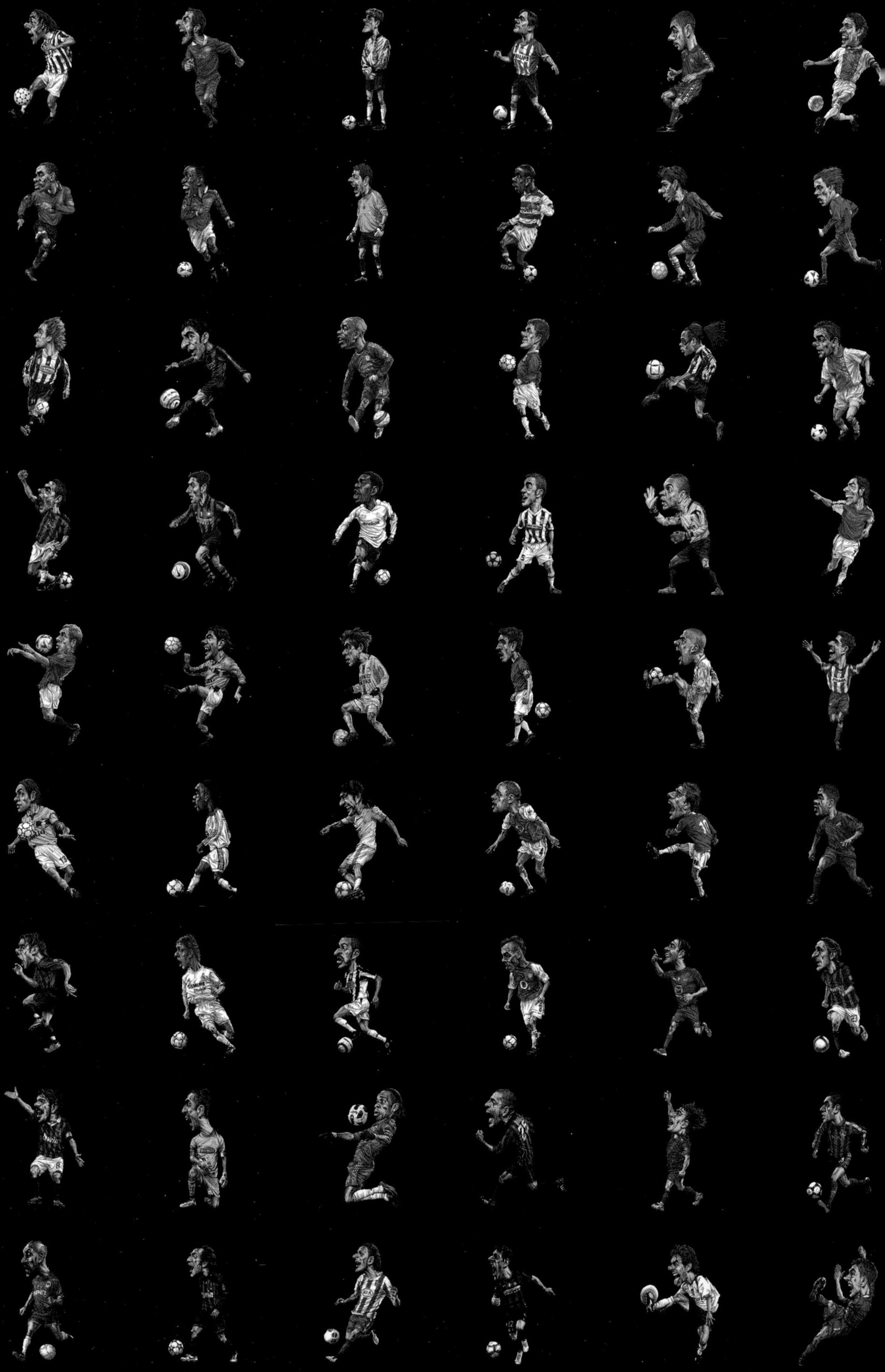